Accornero Edizioni

Fiabe Arcane
Magia tarocchi e un campo da calcio
Massimiliano Ungaro
Copyright © 2023 Accornero Edizioni
www.accorneroedizioni.it
accorneroedizioni@gmail.com
Progetto grafico: Publishing Lab
www.publishinglab.it
ISBN 979-12-81155-28-2

Massimiliano Ungaro

FIABE ARCANE
Magia Tarocchi e un Campo Da Calcio

Accornero Edizioni

A
Rina, Elio
Maria e Claudio,
i miei nonni,
un dono così grande
per me e la mia Vita
che le mie due sole mani
sarebbero state troppo poche
per non poterlo condividere.

Non c'è niente che tu possa fare
che può essere fatto,
niente che tu possa cantare
che può essere cantato,
non c'è niente che tu possa dire:
ma puoi imparare le regole del gioco.
È facile.
Tutto quello di cui hai bisogno
è Amore.

John Lennon

Prefazione a cura di Giorgio Baietti

*Giornalista, scrittore, collaboratore di Mistero
e Voyager*

Fiabe: una parola di cinque lettere che racchiude un intero alfabeto di sogni, emozioni, sentimenti e molto, molto altro ancora. Se poi ci aggiungiamo "la magia dei Tarocchi e un campo da calcio", ecco che il quadro diventa completo; lo schizzo tratteggiato si trasforma in un capolavoro, un dipinto a olio su tela che si tramuta in libro e che racchiude dentro le sue pagine quello che vogliamo leggere anche senza saperlo. Questa è magia!

Massimiliano Ungaro, il mio amico Max, impareggiabile e sensibile uomo di radio si trasforma in un ricercatore della parola scritta, un cultore di misteri espressi in forma semplice e chiara per permettere a tutti di avvicinarsi al grande enigma della vita che ventidue carte, i Tarocchi, racchiudono dalla notte dei tempi e che da ora in poi, dopo aver aperto e gustato queste pagine, sembreranno più vicine al nostro modo di vivere ogni istante la realtà che ci sembrerà straordinaria. Buona lettura e, soprattutto, buona ricerca dentro se stessi e nel mondo che ci circonda. Come un novello Socrate, Massimiliano ci indicherà la via giusta!

Giorgio Baietti

https://it.wikipedia.org/wiki/Giorgio_Baietti

Nota dell'Autore

Caro lettore,

c'è un posto in Trentino-Alto Adige che rimarrà per sempre nel mio Cuore. Di Vita in Vita, di Anima in Anima, so che sarà sempre parte di me. Vieni, voglio fartelo conoscere. Lascia che ti prenda per mano. È in mezzo ai boschi. Appena più in alto ci sono alcune case contornate dagli alberi. Poi si scende, una rapida, veloce discesa, si gira a destra, la strada asfaltata prosegue in mezzo al bosco e poi ci si ferma. C'è uno spiazzo molto ampio dove si può lasciare l'auto e mettersi scarpe più comode e si prosegue: una dolce stradina sterrata che si apre davanti a noi. Vieni, resta accanto a me. Lì c'è un piccolo campicello, vedi, e più in là degli gnomi scolpiti nel legno da qualche spirito fatato. Gli alberi parlano. Sono bellissimi, attorno a noi.

Il sole filtra attraverso i rami. C'è odore di resina e di legno, un profumo buono e l'aria è pulita. Guarda quanto è bello quel prato sconfinato che si apre alla nostra sinistra, non trovi sia una meraviglia? I profili delle montagne lo rendono quasi un paesaggio da film americano. Proseguiamo. Altri gnomi scolpiti sui tronchi di alcuni alberi dalle fatine del bosco e poi si sale.

Sai, non l'ho mai detto a nessuno ma questo è il mio posto magico. Il luogo in cui passavo le estati nella mia prima adolescenza. Ci venivo coi nonni paterni, Maria e Claudio. Era la mia vacanza personale, il mio premio ambito. Comunque fosse andato l'anno scolastico sapevo che mi aspettava una vacanza straordinaria. Ah, con i miei nonni stavo proprio bene (anche coi nonni materni, naturalmente, ma di loro parlerò in seguito, magari in un altro libro). Potevo giocare, scherzare, essere me stesso senza timore e, qualsiasi cosa facessi ero ben accolto. Quasi mai giudicato, anzi motivato verso la comprensione. Camminare per i boschi in solitaria, o sfrecciarci in mezzo con la mia nuova mountain bike e con i Nirvana, o i Guns and Roses, o i Metallica nelle orecchie, era davvero il mio mondo. Ma la cosa più bella, l'aspetto più dolce, era che sapevo che quando sarei tornato dal mio bagno di natura avrei trovato due persone sorridenti e amorevoli ad aspettarmi, persone che volevano condividere la mia esperienza. Due amati compagni di viaggio.

Hai il fiatone? Fermiamoci un attimo in questo bivio. Non è un caso che ti abbia portato qui: ognuno di noi dovrebbe avere il suo posto magico. Il suo prezioso tesoro da raggiungere quando ne ha bisogno. Perché a volte la Vita viene a scuoterci dal di dentro e qui, in questo luogo in cui sono cresciuto da ragazzo, e in cui i miei sogni a poco a poco si sono fatti strada dentro di me, è dove torno quando sento che tutto attorno a me apparentemente sta crollando di non avere abbastanza risorse per capire nell'Adesso il motivo di un accadimento destabilizzante: qualsiasi cosa io stia facendo mollo tutto e, al massimo in due o tre giorni, lo raggiungo. So che ci vorrà tempo per capire la cosa nel suo insieme o il perché è accaduta: dico solo che intanto, il fatto di sentirmi a casa, di circondarmi di un'energia che conserva gli attimi preziosi di vita assieme ai miei nonni, aiuta il mio stato d'animo e la mia mente ad aprirsi all'Universo e a non pensare di doversene difendere.

Ti sei ripreso? Continuiamo a salire. Ti prometto che questa salita sarà breve. Hai notato anche tu? Si vedono singole tracce di pneumatici su questo minuscolo sentiero tra i boschi: adesso sembra essere un luogo piuttosto battuto dagli sportivi delle due ruote ma all'epoca ci venivo solo io.

Più indietro c'era anche un campetto da bocce. Adesso ne hanno fatto un piccolo parcheggio... Ci giocavamo soltanto noi, due volte al giorno, a metà mattina e al pomeriggio. Era lasciato a sé stesso e quando pioveva nessuno se ne curava, però, anche se ci voleva qualche giorno prima che si asciugasse, era proprio bello poter starsene in santa pace in mezzo alla natura senza rumore o chiasso o occhi indiscreti. Una mattina, stavamo giocando soli io e il nonno; nonna era rimasta su, a casa, dedicandosi a dipingere, la sua passione, e a un certo punto, evento piuttosto raro, abbiamo sentito un'auto fermarsi. Sulle prime non ci abbiamo fatto molto caso, si trattava pur sempre di una minuscola piazzolina in cui eventualmente poter lasciare l'auto prima di incamminarsi tra i boschi. Tuttavia a gioco ripreso ci accorgemmo di non essere più soli: un signore dall'aria a metà tra lo strano e il misterioso ci stava guardando a braccia conserte dall'alto (per scendere al campo da bocce si potevano usare solo i piedi). Indossava una polo bianca e degli occhiali da sole scuri. Seppure un po' infastiditi, io e il nonno abbiamo continuato a dedicarci a inseguire il boccino, cercando di far finta di nulla, finché, all'improvviso, lo abbiamo sentito esclamare: "Vi piacciono i cappelloni?"

Beh, io ero giovanissimo e non c'era ancora la Rete con tutto il mare di informazioni accessibili per chiunque, e alcune cose ancora non le sapevo o capivo. Nonno sì, per cui dopo aver esitato un attimo, e averlo guardato storto, gli ha chiesto: "Che cosa intende?"

La risposta ci lasciò letteralmente spiazzati: "Ah, ma se non vi piacciono io non ve li do mica!"

Ricordo che polo bianca si era già girato per riprendere la via verso la sua auto. Ricordo ancora di più e molto bene, di come avessi chiaramente avvertito che il potenziale di quella frase surreale che aveva lasciato una sorta di sospeso nell'aria si sarebbe esaurito in pochissimi secondi: prendere o lasciare, a scatola chiusa, giusto il tempo di riaprire la portiera e ripartire. E così, intuendo vagamente l'arcano, visto anche, e soprattutto, l'ambiente montano in cui ci trovavamo lo abbiamo fermato. E dal bagagliaio di un'automobile che fino a pochi attimi prima avevamo reputato come sgradita presenza aliena, venne estratta una cassa piena di mazze tamburo appena colte: non credevamo ai nostri occhi.

Non abbiamo chiesto il perché ce le volesse dare, lo abbiamo semplicemente ringraziato e nello stesso modo misterioso in cui era arrivato poi se ne è andato. Sta di fatto che quando a fine partita siamo rientrati e l'abbiamo raccontato a nonna, lei si è messa ridere convinta che dopo aver visto tutti quei preziosi funghi avessimo persino baciato il terreno dalla contentezza (in mille salamelecchi, per usare le sue parole esatte): il pranzo da favola che ne uscì, come vedi, lo ricordo ancora oggi. Le mazze tamburo impanate sono davvero sublimi.

Perché ti racconto questo? Te l'ho detto, questo è il mio posto magico e qui i ricordi sono tanti. Infatti è qui che sono venuto a piangere le mie lacrime quando nonna è venuta a mancare. Le ho trattenute per tutto il viaggio Padova – Trento. Sono arrivato, ho parcheggiato l'auto e solo dopo essere giunto sin qui, in questo punto dove adesso stiamo arrivando, mi sono lasciato andare. Quella notte avevo fatto un bel sogno. Nonna era appena mancata, e ho sognato un tramonto spettacolare. Sin da bambino mi diceva: "Goditi ogni tramonto, perché non ce ne è mai uno uguale..."

Oh, ma non ti volevo mica commuovere, su vieni che il bello deve ancora venire...

Adesso chiudi gli occhi perché ormai ci siamo. Ti accompagno io, non preoccuparti. Attenzione a quella radice di pino che spunta dal terreno tra un mare di aghi secchi che rendono ogni passo più ovattato... ed eccoci. No, non aprirli ancora. Respira. Apri solo le tue mani. Questo è il mio nuovo libro: Fiabe Arcane – Magia Tarocchi e un Campo da Calcio. Bel titolo non trovi? Te lo passo, prendilo.

Mentre preparavo il mio primo libro *Circles - Un messaggio d ' amore da Atlantide*, la Vita andava avanti con il suo corso e con le sue prove e con la sua voglia di insegnarmi a essere un bravo me stesso, un me stesso in grado di trasformare con un battito di Cuore anche le esperienze più dure in puro Oro; un Alchimista, insomma. Per questo, ogni tanto, mi serviva un piccolo aiuto. Una sorta di guida. E così, quando sentivo che era il momento, a volte passavano anche dei mesi, prendevo il mio block notes e, in base alla situazione, lasciavo arrivare: sin dalla tenera età le figure degli Arcani Maggiori e dei messaggi che si celano nel loro mistero profondo, hanno sempre esercitato un grande fascino su di me. Perciò, partendo dal mio libero sentire personale per ogni Arcano, fare 2+2 poi con la mia indole particolarmente curiosa e allo stesso tempo sia seria che giocosa unita alla mia passione per l'Esperienza, per la Vita, e per le sue Metafore e i suoi Insegnamenti, anche se devo dire che non sono un appassionato di Calcio ma il Calcio a tutto questo si abbina molto bene, è stato spontaneo.

Cosa ti trasmette questo nuovo libro? Ti piace la sua Energia? Puoi seguire il percorso specificato all'inizio del libro, oppure aprire le pagine a caso: arriverà ciò che è giusto per te. Le tavole di Ornella Vettore poi, vedrai, devo dire sono un vero capolavoro. E ho la sensazione che in modo molto molto sottile comunque ci sia anche un po' lo zampino di nonna Maria. I suoi dipinti a smalto erano così belli da togliere il fiato.

Adesso basta parlare però. Ti ho già detto tanto. Le Fiabe Arcane sono il tuo, il nostro nuovo libro, ti ci avventurerai a casa, con calma, quando sentirai che ne avrai bisogno, lasciando intercorrere il giusto tempo tra un arcano e l'altro, in base alle situazioni. Perché adesso è il momento, il tuo momento. Apri gli occhi.

Aprili e basta.

Quello laggiù, vedi, quell'immenso lago turchese che si apre nella valle tra le montagne davanti a noi e che riflette il cielo con le sue candide nuvole leggere è il lago di Caldonazzo. Io arrivavo sin qui, con la mia bici. La appoggiavo a un albero e mi sedevo a contemplarlo. E dove fisicamente non potevo proseguire, pena cadere per centinaia e centinaia di metri, lo facevo con la fantasia. Andavo oltre.

Volavo.

Fallo anche tu.

Massimiliano

La Vita è come una partita di calcio: non sai mai da che parte arriverà la palla né se sarai in grado di giocarla.

La Vita però non si basa su una competizione. È un'amichevole. E in quanto tale le due squadre si affrontano e si confrontano per imparare a conoscersi vicendevolmente, e ancora di più per conoscere sé stesse in campo. Cosa sappiamo fare e quanto vogliamo darci e dare.

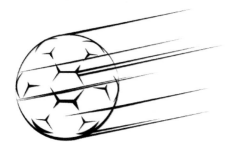

Alla fine le due squadre sono comunque destinate a rientrare ognuna nel proprio spogliatoio. Non c'è una super coppa, né una parata per i vincitori: soltanto il volto familiare dell'allenatore pronto ad accoglierci e a spiegarci quanto è avvenuto in campo.

Se siamo stati bravi? Se potevamo coprire meglio la fascia? Se si poteva evitare quel goal?

No, non per spiegarci questo. Semplicemente per dirci che tutto è servito per la nostra Esperienza.

C'era una volta un bravo allenatore. O meglio, se lo vogliamo chiamare in termini più moderni, un bravo mister. Questo allena... ops... mister, aveva fama di essere un tipo bizzarro: non si faceva mai ingaggiare per soldi. Cercava un qualcosa, lo chiamava talento, un dono che ogni giocatore ha e che lui, per Amore del Calcio, da abile preparatore, intuiva se si potesse tirare fuori, e aiutare così il giocatore a esserne responsabile e capace in ogni situazione.

Proprio per questo, e per la sua abilità nello spiegare le regole del gioco come fossero favole per bambini da condire ogni tanto con qualche aneddoto personale, alcuni lo chiamavano Geppetto; i più audaci addirittura Mary Poppins: a me si è presentato senza dire nulla. Solo con un gran sorriso e una gran voglia di aiutarmi a preparami. A cosa?

Beh, questo lo scopriremo strada facendo. Sta di fatto che io invece l'ho sempre chiamato Universo. Una Guida ferma e paziente che ha accolto i miei capricci con la lungimiranza di chi sa vedere lontano nel tempo e nello spazio. Dietro a ogni capriccio non si nasconde altro che pura paura, mi ha sempre detto con aria bonaria.

Paura che di volta in volta ha saputo trasformare in Esperienza. E la sua missione così si è compiuta un'altra volta. Ho imparato a giocare e a non lamentarmi più. E da semplice amatore sono passato di livello in livello, fino a diventare semi-pro e poi pro. Ecco ciò che ricordo del suo allenamento speciale...

Fai un bel respiro

Ora Centrati con le mani sul cuore
e scegli un numero
tra 1, 2 o 3.

Bene. Adesso...

Se hai scelto 1 scegli un colore:

Rosso **27**
Arancio 31
Giallo 37
Verde **43**
Azzurro 49
Indaco **57**
Viola **63**

Se hai scelto 2 scegli un colore:

Rosso **69**
Arancio 77
Giallo 83
Verde **89**
Azzurro 95
Indaco **101**
Viola **107**

Se hai scelto 3 scegli un colore:

Rosso **113**
Arancio 119
Giallo 125
Verde **131**
Azzurro 145
Indaco **151**
Viola **157**

Cerca la pagina con il numero
che hai scelto e il relativo colore,
e buona fortuna!

XIII
La Morte

XIII
La Morte

La Morte è una carta magica di rinascita e trasformazione.

Spesso i tuoi pensieri sono stati stagnanti e la tua Vita una partita ferma. Ora si riparte, da un semplice esercizio, per arrivare a costruire un castello.

Prova ad appoggiare una mano sul cuore e una sulla pancia: cosa senti? La paura è ancora ferma lì?

E allora trasforma questa paura, dalle un colore che abbini a una sensazione piacevole e vincente, un colore nuovo, sprizzante di vita.

Adesso usa questo nuovo colore per costruire e dipingere il più bel castello fatato che tu possa immaginare, e poi dagli la forma del tuo cuore e mettilo nel tuo petto.

Tutta la Magia di cui avevi bisogno fluirà in te e tu saprai farne buon uso!

La Regola del Gioco

Non si può amare la partita
soltanto se si sta vincendo, semmai,
amare il gioco significa anche sapersi
porre obiettivamente e umilmente
nei confronti di chi ci sta battendo,
perché anche se è il più forte,
a sua volta ci consente
di poterci migliorare facendo esperienza
e quindi tesoro della batosta.
Fare sempre del proprio meglio infatti
significa anche saper perdere,
ma ancora di più mettersi a favore del gioco
anche quando si vorrebbe starne fuori.
Quindi, se l'avversario è più forte
ci sta comunque insegnando qualcosa.
Se è più debole abbiamo goduto di un vantaggio
che ci tornerà poi utile nel campionato.

La Spiga

In un piccolo campetto di periferia, tutto ricoperto di bellissime spighe di grano, primeggiava una spiga diversa dalle altre. Si rifiutava di crescere. A un bel colore oro acceso preferiva un verde smeraldo. E mentre tutte le altre spighe si allungavano e allungavano maturando al sole, sviluppandosi fino quasi a toccarlo, se ne stava in disparte e se lo faceva si esprimeva in prima persona, mai come tutte le altre con il noi al plurale.

Un giorno passò di lì un gran temporalone; nuvole enormi e un vento che spazzava via ogni cosa. Inutile dire che le spighe più alte se la cavarono bene tra loro, sorreggendosi a vicenda e facendo gruppo. Nessuna però poté aiutare la povera spiga, quella immatura, che rimasta piccola non arrivava ad aggrapparsi a nulla.

Se non volò via sradicata con le sue stesse radici fu per puro miracolo. Ma quel temporale ebbe l'effetto di cambiare la sua veduta del mondo: si era vista sola.

"Aiutatemi vi prego." Si rammaricò infatti con le sue compagne.

"Adesso ho capito la lezione."

E quando rialzò gli occhi tutta contrita dall'emozione, la piccola spiga rimase senza fiato. A una a una, sorridendole tutte insieme, le altre spighe le stavano tendendo la mano, creando un'enorme lunghissima ola di braccia tese: era giunto il momento di crescere.

Perché la ricchezza della Crescita è un dono. E inizia dalla condivisione.

IX
L'Eremita

IX
L'Eremita

Un elemento taciturno e solitario che vive in un altrove dove gli altri non si inoltrano e che temono di attraversare.

Non c'è illuminazione, soltanto la fioca luce di una lampada che ci consente di proseguire unicamente avanzando a tentoni, di passo in passo.

Prudenza ma anche riluttanza quindi. Non c'è speranza, solo una sorta di inerzia dovuta alla ricerca Iniziale o Iniziatica che si è un po' spenta.

Una piccola novità scombussolerà tutto e il percorso riprenderà da dove si era fermato.

Con più equilibrio rispetto all'inizio e anche con più determinazione.

Consiglio: in visualizzazione, una bella doccia di Luce che ricopre di nuova speranza il nostro corpo, donandoci nuova linfa e lavando via la stanchezza del Viaggio.

La Regola del Gioco

Un allenatore potrebbe mai
voler aiutare gli avversari?
Allora non lamentarti
delle prove che ti propone:
lui sa fare il suo mestiere,
è l'Allenatore, ed è sempre pronto
in ogni momento, con il suo talento,
la sua esperienza e il suo fiuto,
a rimettere in gioco la partita
quando l'avversario sta vincendo.
Un Allenatore non penalizza un giocatore:
lo aiuta a sviluppare il suo talento
e a saperlo gestire a seconda della situazione.

Biancospino

Pentita. Cosa voleva dire pentita?

Tremando di indignazione Biancospino si versò ancora da bere. Quel whisky proprio non voleva saperne di andare giù, bruciava in gola più che se avesse ingoiato un bicchiere pieno di puntine da disegno.

Forse sarebbe servito del ghiaccio per accompagnarlo. O forse sarebbe bastato semplicemente dar fuoco alla lettera e non pensarci più. Sta di fatto che non poteva.

C'era una volta un porcospino bianco, sembrava dire una voce narrante nella sua mente mentre la rileggeva; tutti lo chiamavano Biancospino. Non era un adone, tuttavia la differenza di colore lo faceva risaltare così tanto rispetto agli altri che più di una porcospina ne era stata sedotta.

E poi un giorno arriva lui, un altro porcospino bianco, e tutto va a catafascio: non solo la sua peculiare singolarità, cosa di cui sinceramente gliene importava gran poco, ma la personalità dell'altro porcospino è così marcatamente farfallonesca che persino sua moglie ne rimane folgorata e addio convivenza e matrimonio. E adesso?

Adesso gli scriveva che voleva fare ritorno a casa.

Era stata una sciocca, diceva: Biancospino era un porcospino migliore, speciale, a prescindere dal colore, e, essendosene potuta accorgere, ora si dichiarava pentita, promettendo di volergli rimanere accanto per sempre. Per tutta la vita.

Bla bla bla.

Biancospino si portò una mano sulla fronte stringendosi le tempie. Gli girava la testa. In fondo, forse, quel whisky andava giù fin troppo bene. Lui la amava ancora, certo. Però non poteva lasciare che le cose rimanessero così. Permettere che quella situazione si concludesse con un semplice ritorno a casa era fuori da ogni più pia discussione. E se fosse stato l'altro porcospino bianco a stufarsi di lei, visto che poteva avere tutte le porcospine che voleva? E chi gli assicurava che lei poi non fosse stata solamente innamorata della sua differenza di colore e non della sua persona: se fosse arrivato un altro porcospino bianco lo avrebbe lasciato di nuovo?

Doveva metterla alla prova.

Invitatala a presentarsi a un caffè per bere qualcosa, poco prima dell'appuntamento si dipinse il bianco manto di un normalissimo marrone, e sedutosi a un tavolino esterno si mise ad aspettare. E aspettò e aspettò.

Nulla.

Provò a chiamarla al telefono: un paio di squilli e la comunicazione venne interrotta.

Qualcuno aveva messo giù. Lei. Facendo il gesto di levarsi la polvere di dosso allora Biancospino si alzò dal tavolino e dopo aver lasciato una lauta mancia al cameriere si allontanò con il più bel sorriso che avesse mai avuto.

Il cambio di colore gli era servito ad apprendere un'importante lezione. Chi ti ama davvero sa benissimo chi sei e quanto tu sia unico. Lo sa sin da subito. :-)

XII
L'Appeso

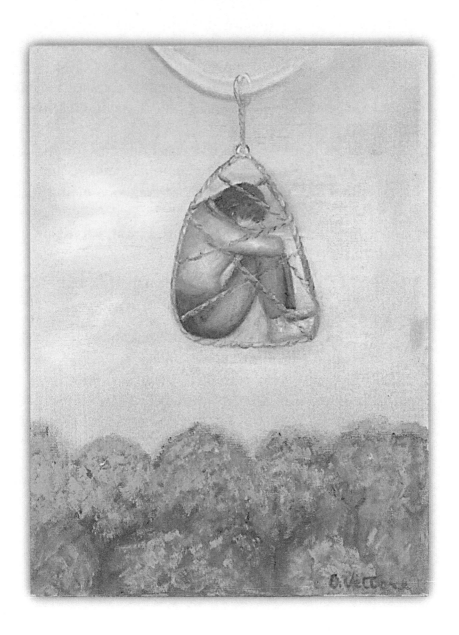

XII
L'Appeso

Questa è una carta magica dal duplice significato: da una parte la carta dell'Appeso sembra dire Io sto nel giusto, è il mondo a essere sbagliato, me ne sto alla larga.

Visto invece normalmente questo arcano ha un riferimento simbolico all'impossibilità di azione, all'essere caduti in trappola.

In entrambi i casi va detta una cosa: questa carta indica. Non è un attestatore di giudizio. Semplicemente si limita a rappresentare una situazione. Ancora meglio, a metterne in mostra il difetto più importante.

Sono caduto in una trappola (con tutta probabilità mentale) o mi ci sono ficcato.

In ogni caso la risposta è semplice: fai del tuo meglio per uscirne, ma senza sperperare energie in un'inutile agitazione!

Come vedi i tuoi piedi? Sono legati? Impantanati? Ci vedi un colore strano attorno? Cupo o nebbioso?

Allora liberali a uno a uno, puliscili se devi pulirli, e cambia il colore che li ricopre. Fa' un bel respiro e immagina di essere appena uscito da un guado fangoso. Di essertene liberato.

Adesso cammina oltre e lascia un segno visibile di pericolo vicino al guado: sia mai che tu non debba ricapitarci di nuovo.

La Regola del Gioco

Più sei teso e nervoso
e più durante la partita
crei un vantaggio agli avversari.
Un giocatore nervoso
non è in grado di essere lucido
durante le fasi di gioco:
la sottigliezza della partita
sta nel saper osservare l'avversario
e anticiparlo.
Tuttavia se sei troppo impegnato
a impegnarti
non hai occhi che per la tua prestazione
senza fare attenzione
all'altrui gioco.
Ricorda, un gioco disteso
permette passaggi più fluidi
e calcoli più complessi,
come il saper vedere
un compagno di squadra lontano
che, con il giusto passaggio,
può arrivare a fare goal.

Arcobaleni ed Emozioni

Ti capita mai di sognare qualcuno che non c'è più? A me ogni tanto sì... Come hai già capito oggi voglio raccontarti di un sogno che ho fatto un po' di tempo fa, un sogno davvero particolare. Avevo già preso delle decisioni importanti che riguardavano la mia vita. Avevo fatto delle scelte; a volte è la Vita stessa che ci porta a iniziare realmente il nostro Viaggio, a scegliere di essere noi stessi nel bene e nel male, ad ascoltarci e a incamminarci verso la nostra vera meta e così è stato anche per me. Ma proprio perché il più delle volte si tratta di un vero e proprio salto nel buio, ci si sente come un astronauta in procinto di partire per lo spazio: la deflagrazione sotto di noi è già esplosa. I propulsori stanno spingendo a tutta forza per portarci su e noi sappiamo che non possiamo più tornare indietro, eppure ciò non significa che non si abbia paura e non ci si chieda, con il cuore a mille, che cosa accadrà o potrà andare storto. Ed ecco perciò perché ti racconto di quel sogno. Perché pur avendo seguito il mio istinto ero assillato da mille dubbi e domande. E poi ho sognato mia nonna. Era mancata una decina di anni prima. Una persona forte ma anche sensibile: adorava dipingere. Una vera artista. Nel sogno le parlavo: le facevo tantissime domande.

Le spiegavo delle mie paure per il futuro e di come ci si senta a seguire sé stessi fino in fondo, la paura del vuoto, dell'insuccesso: mi sentivo bloccato. E lei mi sorrideva. Spiegandomi ciò che era diventata, e cioè un raggio di Luce, e che la sua gioia più grande era di essere divenuta un'insegnante di pittura, mi diceva di stare tranquillo, soprattutto di stare tranquillo, di avere fiducia, perché il Cuore sa dove andare. Ricordo soprattutto che insisteva su questo, mi ripeteva di non avere paura. Tutto è in Accordo, mi diceva, in Armonia, e l'Anima è un talento da esplorare e far brillare, non da seppellire. Beh, indicata la pancia, la mia pancia, mi ha fatto vedere una cosa interessante: il mio Cuore si trovava lì. Era scivolato giù... Si trovava lì perché non facevo bene una cosa: vivere.

Mi ha detto chiaro e tondo che il Vivere è reale, è un'Esperienza fondamentale perché permette di crescere sia a me che agli altri. Aspetta... aspetta un attimo, lo so che sono cose trite e ritrite, il discorso però è semplice: più scegli con il Cuore, più la Vita si apre come un Arcobaleno, fa come un Arco e tu lo attraversi. I pensieri, i problemi, restano al di sotto perché sono solo prove per aiutarti a crescere, a scegliere. Se tu non lo fai invece i pensieri sono come pietre, ogni scelta che non fai ascoltando il tuo Cuore è come se tu riempissi uno zaino di sassi finché il Cuore affonda e va giù.

Perché nella pancia? Probabilmente può finire anche sotto ai piedi... Ah dici sia così? Che in realtà è una frequenza, una vibrazione: che le visceri rappresentano una parte buia che non portiamo in Luce? Comunque, da testa dura quale io sono, persino nel sogno sono riuscito a essere me stesso e le ho chiesto un segno. Una conferma che quanto mi stava dicendo fosse più di un semplice sogno. E lei ridendo mi ha detto che lo avrei ricevuto molto presto. Bene. Sai quella sensazione... quando ti alzi e ti dici boh! Sarà vero? Ti fai la barba allo specchio, ti guardi nei tuoi occhi riflessi e ti dici boh! E poi sali in auto per andare a lavorare. Sei lì che pensi mah! Che sogno...

E poi la radio si accende in automatico assieme all'auto e... questo è quello che davano alla radio quella mattina non appena ho messo in moto: *E se davvero tu vuoi vivere una vita luminosa e più fragrante, cancella col coraggio quella supplica dagli occhi. Troppo spesso la saggezza è solamente la prudenza più stagnante, e quasi sempre dietro la collina è il sole. Ma perché tu non ti vuoi azzurra e lucente, ma perché tu non vuoi spaziare con me, volando intorno alla tradizione, come un colombo intorno a un pallone, frenato, e con un colpo di becco bene aggiustato forarlo e lui giù giù giù... E noi ancora ancor più su, planando sopra boschi di braccia tese. Un sorriso che non ha, né più un volto né più un'età. E respirando brezze che dilagano su terre senza limiti e confini: ci allontaniamo e poi ci ritroviamo più vicini. E più in alto e più in là, se chiudi gli occhi un istante, ora figli dell'immensità. Se segui la mia mente, se segui la mia mente, abbandoni facilmente le antiche gelosie. Ma non ti accorgi che è solo la paura che inquina e uccide i sentimenti, le anime non hanno sesso né sono mie. No, non temere tu non sarai preda dei venti: ma perché non mi dai la tua mano, perché? Potremmo correre sulla collina, e fra i ciliegi veder la mattina, e il giorno, e dando un calcio ad un sasso residuo d'inferno farlo rotolar giù giù giù... e noi ancora ancor più su. Planando sopra boschi di braccia tese. Un sorriso che non ha, né più un volto né più un'età. E respirando brezze che dilagano su terre senza limiti e confini: ci allontaniamo e poi ci ritroviamo più vicini. E più in alto e più in là: ora figli dell'immensità...*

Ho spento l'auto, ho visualizzato la mia pancia e, come fosse un bambino che si è perso, ho preso per mano il mio Cuore e l'ho riaccompagnato su. E mai come quel giorno per tutto il resto del tempo mi sono sentito come se camminassi con un arcobaleno sotto ai piedi.

XIX
Il Sole

XIX
Il Sole

Il Sole è uno degli arcani maggiori con maggiore capacità di portare Luce e Chiarezza. Beninteso, non si tratta di un nuovo percorso che si sta aprendo di fronte ai nostri occhi, una sorta di ripartenza da zero, bensì di una conferma della validità della nostra scelta o scelte, e di tutto ciò che ci ha condotto all'attuale. Non c'è nulla da temere: se una situazione o un legame si sono sciolti, in qualsiasi modo sia avvenuto, è stato per il meglio, non ripensiamoci nemmeno. Tuttavia si tratta anche di capire dove si stia andando.

La situazione personale è sì un work in progress, come si suol dire, ma, per l'appunto, è anche ciò che per il meglio si sta sviluppando. Forse avere ancora un po' di pazienza non guasta: il cercare di stare il più possibile centrati e consapevoli di ciò che si è fatto finora aiuta molto. Sicuramente eventuali precedenti insuccessi o rotture di legami hanno generato dolore, anche se il tutto era inevitabile per il proseguimento del nostro percorso (via i rami secchi), tuttavia è anche vero che proprio basandoci su quanto avvenuto sinora possiamo renderci conto di quante siano le cose che hanno cooperato per far sì non solo che non ci arrendessimo ma, anzi che si sviluppasse quasi in maniera autonoma la nostra missione. Non perdete la speranza, sottintende il Sole, questo bellissimo astro che brilla e che porta sapienza e positività: se una porta si è chiusa allora tutte le altre adesso si spalancheranno per voi e per il vostro successo. Apriamo il nostro Cuore e la nostra Mente ai raggi dell'arcano maggiore numero diciannove dunque: buone notizie, conferme e nuove opportunità non tarderanno ad arrivare. Gioia e serenità.

La Regola del Gioco

Come un Alchimista
aggiungo pezzi di felicità
alla mia Esperienza.
Attraverso il Cuore filtro,
da ogni situazione e da ogni esperienza, il Bene.
Da ogni mio giorno ricavo il meglio.
E il futuro e il passato coesistono
nel loro Non Esistere.
Il passato, se vuole,
può stare al mio passo,
seguendo le briciole di felicità che dissemino.
Il futuro è uno spazio vuoto
che può solo prendere esempio
dal mio presente.
Me la godo!

Gesù e la Nomade

Gesù si incamminò verso il deserto: aveva bisogno di passare del tempo da solo per cui, affidate a Pietro e a qualche altro fidato discepolo le cure di alcuni dei più bisognosi che li stavano seguendo, salutò tutti con una benedizione e sparì.

Camminò a lungo, senza sentire il peso della fame. E se la sete si faceva troppo insistente, per dissetarsi gli bastava raccogliere con la punta delle dita, la soffice rugiada che si formava sui petali dei fiori che sbocciavano a ogni suo passo. Il sole troneggiava nel cielo e splendeva più che mai.

All'improvviso scorse una donna venirgli incontro: non era una dei suoi. Stava semplicemente arrivando dalla direzione opposta e il caso, o il destino che fosse, aveva fatto sì che si incrociassero nel bel mezzo del nulla.

La donna vedendo tutti quei fiori che lo accompagnavano si inginocchiò piangendo: "Signore." Disse riconoscendolo: "Sono vostra umile serva nel fare tutto ciò che mi è possibile per esaudirvi."

"Non serve che tu faccia nulla." Le si avvicinò Gesù sorridente, "ma dimmi: da dove arrivi?"

"Sono Ishmar della tribù di Anat. Ho vagato per giorni e notti in questo deserto perché mi sono smarrita. Stavo seguendo la mia carovana quando una tempesta di sabbia ci ha fatto disperdere e ora non trovo più la mia gente. I miei figli non avranno di che vivere senza di me ma io non ho la minima idea di dove andare e con la poca scorta d'acqua che mi rimane non credo che farò molta strada."

La sabbia era rovente e di notte il gelo calava su tutto il deserto, eppure la veste della donna era immacolata. Il turbante sulla testa era perfettamente annodato, senza alcuna sbavatura, e la piccola borraccia in pelle di cammello, che era quanto le rimaneva per sopravvivere, era mantenuta sia ben al riparo dal sole che dal calore del suo corpo, in una piega della sua veste.

È dalle piccole cose che si può intuire la qualità di una persona e Gesù ammirò a lungo la forza d'animo di quell'anima disperata che nonostante i duri giorni di cammino in solitaria e le poche speranze di sopravvivenza non solo non si era lasciata andare ma, persino adesso che gli stava davanti in ginocchio, la sua testa e le sue spalle avevano un portamento e una dignità tali da far capire con quanto rispetto avesse affrontato il deserto. Senza temerlo, bensì alla pari.

"Sei stata brava." Le disse toccandole una spalla, e la aiutò a rialzarsi.

Non capendo a cosa si riferisse, la donna si girò nella direzione in cui il Salvatore stava guardando. C'erano i suoi passi lì dietro. Tutta una lunga fila di impronte che si diramavano fin oltre l'ultima duna laggiù in fondo: prese singolarmente quelle orme non avevano alcun significato. Un qualcosa di effimero che il vento prima o poi avrebbe cancellato. Ma prese tutte assieme rappresentavano ciò che l'aveva condotta sino a lui.

"Il deserto non è che apparenza." Le sorrise con estrema dolcezza: "Ma il Cuore sa sempre dove andare." E così dicendo le indicò un punto lontano all'orizzonte dove si intravedevano alcune figure in lento movimento: "Tu hai cercato con Amore e l'Amore ti verrà ritornato."

Era la sua carovana. Presto lei e i suoi familiari si sarebbero riuniti.

X
La Fortuna

X
La Fortuna

Tre parole soltanto: mettere a frutto. Questo è quanto suggerisce l'arcano maggiore numero dieci. Beninteso: la sorte ti è propizia. Ciò che però ti si vuole indicare è più sottile.

Non è che ti stai basando solo su quello che ti basta piuttosto che mettere in luce tutti gli aspetti di questa sorte benevola?

Fai attenzione: come sai l'Universo è sinonimo di abbondanza. Dà all'infinito. Tuttavia, se non sei tu il primo a cogliere questo aspetto dell'Universo, e cioè che tutto quello che ti circonda è pronto a vibrare e a risuonare e a corrisponderti rispondendo alla tua Intenzione e Vibrazione d'Amore, allora questa carta ti sta segnalando che c'è dell'altro. Una sorta di zona d'ombra su cui dovresti indagare, anziché accontentarti.

Facciamo così, ti insegno un trucco. Fai vibrare le tue mani. In che modo?

Applaudi. Immagina di aver appena assistito al più bel concerto della tua vita e al colmo della gioia applaudi a lungo di felicità.

È una bella sensazione, non è vero? E questa sensazione si protrae ben oltre l'applauso. Bene. Adesso visualizza l'Universo immaginandolo come pieno di ogni ben di Dio, una cornucopia che dà all'infinito: ora che le tue mani vibrano, e quindi risaltano, sanno raccogliere? Le vedi pronte a ricevere entrando in risonanza con la vibrazione dell'Universo o ci vedi zone d'ombra; macchie, ferite, dita spezzate, intorpidite, ferme o chiuse?

Se vedi tutto questo, o in qualche modo ti risuona, e non importa se siano entrambe le mani o una mano soltanto o addirittura un braccio intero, allora questo è il momento giusto per riparare il danno.

Continua a visualizzare l'Universo come un'immensa cornucopia, o imbuto, con l'apertura rivolta verso di te e ripeti questa frase: voglio pulire le mie mani, voglio essere in grado di ricevere abbondanza e mettere a frutto tutto ciò che l'Universo mi dona, senza limiti di sorta. So che l'Universo ha piena fiducia in me, non devo dimostrare nulla.

Quindi lascia che dall'imbuto fuoriesca la cura giusta: potrebbe essere una spugna se hai visto delle macchie, o un medico-chirurgo se le dita sembrano rotte, o entrambi, o persino una parola, e così via.

Insomma, la giusta risposta al problema. E lascia fare. Non importa quanto tempo ci vorrà, lascia che il tutto venga sistemato a dovere. Al momento giusto il dottore e la spugna svaniranno e tu ti ritroverai con le mani che luccicano e vibrano alla stessa frequenza dell'Universo: ora sei pronto. In armonia e in accordo con l'Energia che ti deriva dall'arcano numero dieci, in sintonia col bene comune e col bene del tuo progredire spirituale, in altre parole in connessione e in consapevolezza con il tuo Sé Superiore. Se c'è qualcosa di cui senti di aver bisogno e vuoi chiedere fallo. Tuttavia, mentre stai chiedendo lascia che ti arrivi ciò che deve raggiungerti e che prima non eri ancora in grado di cogliere, di modo da poter far maturare tutto il tuo potenziale, sapendo che ciò che l'Universo dona è sempre per il meglio e che l'Universo ripagherà sempre ogni tuo sforzo. Perché adesso è tempo di mettere a frutto.

Buona fortuna!

La Regola del Gioco

Durante la partita passeresti mai
la maggior parte del tempo incollato
occhi negli occhi con il tuo allenatore per cercare
di capire cosa sia più giusto fare anziché giocare?
Eppure la maggior parte delle persone
si comporta proprio così: quante volte ci
ritroviamo a chiedere alla nostra Anima cosa devo
fare? Anziché fidarci del nostro istinto e di ciò che
ci consiglia il nostro Cuore?
Voglio condividere con te questo: qualche
settimana fa, durante una meditazione, ho visto la
mia Anima; quanto sia bella e luminosa.
Puro Amore. E mentre ero in contatto con lei ho
capito dove sbagliavo. Io chiedevo.
Mi sono visto chiederle così tante di quelle volte
quando? Perché? Cosa? Come? Da farla rimanere
praticamente bloccata. Sofferente. Perché vedi,
l'Anima, questo bellissimo dono di Luce che ognuno
di noi ha, non capisce il perché di tutte queste
domande. Lei semplicemente dice: Io sono con te,
fa'. Fai soprattutto ciò che ami e io ti seguirò in
tutto, sempre, e sempre ti aiuterò. Perché come ha
detto qualcuno tanti secoli fa, la nostra Anima è
come un tesoro, un talento, che noi possiamo
spendere e investire. Se noi lo usiamo per Amore, e
lo investiamo cioè in cose che ci fanno provare più
Amore, questo oro, questa ricchezza, produce un
interesse, aumenta la sua Luce e la sua Vibrazione,
ed è tutto qui. Tutto quello che dobbiamo fare, di
Vita in Vita, è seguire la via dell'Amore, del nostro
Amore, di ciò che produce in noi la gioia nel Cuore.
Il nostro ego crede che dobbiamo fare chissà
quali grandi cose o lasciare una traccia indelebile

della nostra esistenza sul pianeta, ma non è così. L'Amore è semplice. La nostra Anima è semplice. Dio è semplice. Perciò restiamo semplici e liberi. Godiamoci la vita per ciò che è, giorno dopo giorno. Se amiamo quello che facciamo, trasmetteremo la nostra gioia a tutto ciò che ci sta attorno facendo risuonare in meglio persino l'intero l'Universo.

L'Alchimista

Una regina si ritrovò vedova in giovane età. Era molto bella e intelligente e, dato che nel suo Cuore c'era ancora molto desiderio di amore, per non restare sola indisse un cimento: chiunque si fosse presentato con un'invenzione degna di nota e che migliorasse la vita di tutti, mettendo così in risalto il suo regno, lo avrebbe sposato.

Ci furono celebrazioni e feste. In molti accorsero e si trattò perlopiù di visionare le invenzioni più strambe: da chi proponeva un asciugacapelli che funzionava a farfalle (grazie cioè all'aria mossa dalle loro ali, ma essendo le farfalle presenti solo in una data stagione e avendo vita breve non venne considerata una grande trovata...), a chi aveva progettato una carrozza semovente grazie a grandi ruote contenenti al loro interno pezzi di formaggio e topi (scartata anche questa quasi istantaneamente sia per via dell'alto costo del formaggio che, soprattutto, per l'enorme ribrezzo della regina che poco ci mancò se non svenne).

E così via. Finché un giorno si presentò un signore di mezza età, dall'aria distinta e dall'aspetto conturbante. Davanti a tutti disse di aver inventato un qualcosa che avrebbe migliorato di molto la vita nel regno: si trattava di un anticoncezionale. Da bravo alchimista, dopo aver studiato e ristudiato la formula, mescolando le giuste erbe e con la giusta dose di magia era riuscito a inventare l'anticoncezionale perfetto che non solo non aveva controindicazioni, ma permetteva anche di godersi la vita senza paura.

Al momento opportuno bastava smettere di prenderlo e si poteva tornare a fare figli sin da subito. Per non fargli un torto la regina lo fece chiamare in disparte proponendosi di provare l'anticoncezionale con l'inventore stesso ma ahimè, non passarono che poche settimane che la regina scoprì di essere incinta. Furente e sentendosi presa in giro fece subito chiamare l'alchimista col proposito di fargli tagliare la testa tuttavia... quando fu di fronte a lei l'uomo, che se da una parte di alchimista aveva ben poco dall'altra non si può certo dire che non fosse un gran bell'inventore, non si scompose e le disse una cosa che le fece sciogliere il cuore: nemmeno l'Alchimia più potente può nulla contro il vero Amore.

E si sposarono il giorno stesso.

Perché la fortuna aiuta gli audaci. E ancora di più chi crede in se stesso.

XVI
La Torre

XVI
La Torre

Nessuno poteva prevederlo: una frana, un'inondazione o un terremoto; sta di fatto che la torre che avevamo eretto con tanta dovizia è stata spazzata via.

Non è un caso. Qualcuno ci vuole insegnare qualcosa.

E questo qualcosa è che la situazione più complicata è forse quella che più ci insegna a vivere e apprezzare la Vita.

Fai tesoro di questa esperienza e lascia andare la sofferenza.

Nessuno è qui per dirti che la vita è perfetta o che le cose vanno sempre bene o che dobbiamo farcela andare bene: io sono qui per insegnarti, passo dopo passo, a rialzarti, a sbattere via la polvere dalle tue ferite e a sorriderci su. Impara a rimetterti in gioco e a non piangerti più addosso.

Tutti prima o poi cadiamo. Tutti prima o poi ci facciamo male.

L'indicazione dell'arcano maggiore numero sedici è proprio questa: piangersi addosso non serve a nulla. Tirati su, certi accadimenti ci capitano perché l'esercizio della consapevolezza è come un muscolo che va allenato e allenato, finché non impariamo a conoscere e a riconoscere in noi stessi la nostra forza.

In una relazione d'Amore le lacrime servono a ben poco.

E ricordati, appunto, che prima di tutto conviviamo con noi stessi. :-)

La Regola del Gioco

Siamo al dunque: un dunque però
che non ti aspettavi.
La partita è finita ma non dentro di te.
Quel calcio di rigore che hai sbagliato,
quell'autogoal che proprio non ti saresti mai
aspettato di commettere, un'espulsione che ha
ridotto a dieci il numero di giocatori della tua
squadra proprio nel momento clou del campionato
e contro la capolista del torneo: non importa.
Se ci sei stato, se hai giocato e hai fatto del tuo
meglio, perché dovresti recriminarti qualcosa?
Semmai, lascia che chi ci è già passato ti dica la
sua: non tutto il male viene per nuocere. Una
partita persa è una partita persa, siamo d'accordo.
Ma ascolta.
Una partita persa non è la fine del mondo.
Una partita persa non è la tua vita.
La vita è ricominciare, sempre. Solo così si
diventa un campione.
Sia sul campo da gioco come al di fuori di esso.
Un campione è un vero campione solo quando
ha affrontato tante sconfitte e si è rialzato.
Scusami se ti parlo più da padre che da
allenatore, il fatto è che ci sono passato anch'io.
E il tuo compito è quello di ricominciare. Dalle
macerie. Dalla tua vita. Poi il resto lo si vedrà sul
campo, ma riparti da te.
È la tua opportunità. Rialzati.

Folletti Amanti

Un folletto a un altro folletto: "Sai, mi sposo."

L'altro già sapeva. Era l'amante segreto della sposa ed era a conoscenza di tutto. Anche della proposta di matrimonio fatta dall'amico.

"Bene, sono proprio felice per te." Rispose tutto contento.

In fondo era quello che voleva. Nessuno sapeva della sua relazione segreta e, dato che anche lui era sposato, quel matrimonio avrebbe potuto essere un ottimo alibi per un eventuale sospetto di sua moglie. Una neosposa non può essere un'amante, si diceva. È tutto a mio vantaggio.

Passò il tempo e i due amanti si ritrovarono.

"Allora, com'è andato il viaggio?"

Dapprima silenziosa la neosposa guardò l'amante dritto negli occhi: "Sono incinta."

"...C-cosa!?" Impallidì il folletto.

"Sì, di mio marito."

Riprendendo colore il folletto si riaggiustò il cappellino a punta che gli era scivolato giù dalla testa: "E allora cosa c'è che non va?"

"Il figlio avrei voluto fosse tuo." Gli rispose con amarezza la futura mamma.

"Beh, ma... perché ti sei sposata allora? Non capisco."

"Perché tua moglie l'ha consigliato a mio marito. Non voleva si sapesse in giro che suo marito la tradiva, e neanche che lei fosse l'amante di mio marito."

***

Cosa ne pensi, caro lettore?

Che situazione ingarbugliata. Nessuno voleva che si sapesse nulla, eppure tutti pensavano a una cosa soltanto: la felicità è una notte di nozze con l'uomo giusto per salvare le apparenze, anche se però è l'uomo sbagliato per il proprio Cuore. Dov'è la morale? Non c'è morale. In un rapporto basato sulla menzogna l'uno è lo specchio dell'altro.

II
La Papessa

O. Vettone

II
La Papessa

La carta numero due degli arcani maggiori rappresenta una donna colma di grazia; non nel senso di gentilezza e bontà, anche se può averne, bensì nel senso di avere la capacità di prendere le decisioni giuste e la lucidità di portarle avanti. Una consapevolezza che porta in sé il dono di saper scegliere cosa fare e come farlo, non più dovendo dipendere dall'altrui sentire quanto ponendosi al primo posto nella propria Vita.

Segui il tuo intuito, è questo il messaggio di questa carta speciale. Poniti al centro: mani sul cuore e visualizzati di fronte a due porte.

Qualsiasi sia la situazione che stai attraversando, o il dubbio con cui non sai rapportarti, hai la capacità di vedere oltre. Di saper scegliere.

Non lo sapevi? Guarda.

Sei centrato e ben connesso con il Qui e Ora. E la situazione che ti causa incertezza è proprio questo bivio.

Quali sono le due differenti scelte che ti si parano davanti?

Apri prima una porta e poi l'altra. Lascia che il messaggio e il colore che ognuna di esse cela entri in comunicazione con il tuo Essere. Che si mostri per ciò che è realmente.

Ora fa' un bel respiro e immagina di tenere in mano una Sfera Luminosa. Quale delle due porte, o scelte, o colore, indica con la sua luce? D'ora in poi fai sempre così, fidati di te stesso e vai avanti.

È semplice. Ed è fatto.

Hai visto?

La Regola del Gioco

Conoscere ogni aspetto del campo da gioco
in cui sei solito allenarti, una particolare
inclinazione, le possibilità che dona il vento
a seconda di dove soffia, ecc., non fa di te un
campione: il vero campo da gioco è un altro,
ed è quello che ti si pone di fronte
ogni volta che incontri un avversario.
Perciò va benissimo essere allenati,
ma se si vuole riscontrare il proprio valore
bisogna cimentarsi in sfide sempre impegnative.
Fiducia in te stesso e nel lavoro fatto finora
e avanti tutta.
Ok?

Aspettativa e Consapevolezza

"Maestro, è normale avere delle aspettative?" Chiese un allievo al Buddha.

"Aspettarsi delle cose è molto semplice, lo è molto meno il co-integrarsi. L'aspettativa è generatrice di frustrazione, sofferenza, recriminazione, rancore, sensi di colpa e quant'altro. La co-integrazione invece è sinonimo di pacificazione, comunione, con l'obiettivo di aiutarsi vicendevolmente."

"Perché si è in due a soffrire, non solo io, non solo tu, e se ci integriamo, se uniamo, cioè, i nostri reciproci mezzi per un dialogo costruttivo ne uscirà sempre un terzo vincitore, il buon senso, il comune appoggio. È così?"

"Certo figliolo." Lo benedì il Buddha. "Pensa a un lottatore: può solo lottare o cadere. Tuttavia, se invece di un lottatore prende sopravvento in noi la consapevolezza di essere un'Anima in crescita, un ricercatore, allora tutto cambia! Si capisce che non è mai stato tempo perso. Che nessuna caduta, nessun dolore, erano sprecati. Perché si sa che la ricerca è fatta anche di insuccessi, ma prima o poi si arriva sempre a una soluzione."

"Non capisco il concetto: anche un lottatore impara dalle sue cadute: me lo puoi spiegare meglio?"

Una farfallina si posò sul palmo della sua mano e il Buddha sorrise: "Significa avere cura che la propria Mente sia consapevole di essere al servizio di una ricerca e non di una competizione. Un'Anima si troverà sempre a dover affrontare lotte per la sua crescita, ma la lotta è temporanea, la ricerca non lo è. La lotta è un mero incontro tra una tecnica e un'altra per vedere chi riesce a stendere prima l'avversario.

Una ricerca è consapevolezza di crescita per sperimentazione, anche attraverso il lottare ma non per la propria supremazia, la propria affermazione, bensì il fine è diverso: apprendere."

"Maestro, non sempre però si può instaurare un dialogo reciproco perciò o si stende l'avversario o si abbandona l'incontro."

"Dialogo significa Ascolto, senza Ascolto non c'è dialogo. E chi non Ascolta? Chi di base ha già deciso o è prevenuto. Tuttavia il tempo e la forza che mette chi Ascolta, chi sa di essere al servizio della ricerca, sono diversi dal tempo e la forza che impiega chi lotta e basta. Chi lotta è in perdita costante. Mentre per chi ricerca ci sarà sempre modo di aver messo a frutto la cosa. La lotta dà al massimo solo un temporaneo sapore di vittoria che però si riduce a; ho vinto, però devo lottare ancora e ancora e ancora, e vincere ancora. Perché la lotta, soprattutto con noi stessi, non finisce mai. La ricerca invece offre molteplici opportunità di vittoria. La sofferenza si annulla nel momento in cui capiamo di non aver bisogno del concetto di lottare e lottare in continuazione senza uno scopo, anzi, semmai si capisce che l'Esperienza è frutto di comprendere una lezione che si dispone in un'ottica di Amore Incondizionato. Per il bene comune. Di reciproco aiuto. La ricerca si basa su due regole fondamentali: l'amarsi, il vedere negli altri le proprie debolezze per prendere atto di sé e aiutarsi così vicendevolmente a crescere e ad apprendere senza esagerazione di intransigenza. Assunto questo si vive in un'ottica diversa di vita che ci consente di essere vincenti in tutto quello che si fa, in ogni situazione che si vive e perciò in equilibrio con noi stessi. Senza più sentirsi in competizione né con noi né con gli altri. Ti è più chiaro?"

Anche l'allievo sorrise: "Non più amici o nemici: una grande collaborazione comune il cui fine è l'apprendimento basato sull'Amore Incondizionato. Una comprensione del Mondo che da questo punto di vista non si divide più in buoni e cattivi o bianco e nero: non c'è separazione. E la paura perciò non esiste. Sapere già in partenza che tutto collabora a questo fine, un'unica espressione di ricerca di Amore, conferisce forza e sicurezza perché non c'è più perdita o sconfitta, bensì accettazione di Sé in un disegno più grande. Un grande dipinto in cui noi tutti esistiamo e co-creiamo e in cui ogni colore o emozione ha il suo perché, il suo fine, all'interno di uno sfondo che è l'Amore Incondizionato."

Il Buddha diede una pacca sulla spalla all'allievo quindi i due si soffermarono a osservare i bei fiori di un albero di ciliegio.

In silenzio. Insieme.

XV
Il Diavolo

XV
Il Diavolo

Come già visto con altre carte, anche il significato di questo arcano è duplice: sì, c'è qualcosa o qualcuno che ci sta imbrogliando. Non c'è chiarezza. La situazione è contorta e non tutto è ciò che sembra.

Tuttavia, se da una parte il Diavolo rappresenta questo, una controversia o un raggiro, dall'altra questa carta è molto più positiva di quanto a prima vista possa sembrare.

Basta fare Luce.

La carta numero dodici degli arcani maggiori infatti non è altro che un indicatore, come tutti gli altri arcani. E nel suo duplice significato ha soprattutto un senso nascosto di cui tenere conto: quale parte di noi è entrata in conflitto? Cosa ci vuole dire questa persona o situazione: cosa ci sta riflettendo di noi stessi? Se si è arrivati a questo arcano significa che è ora, ed è molto più importante, non tanto di capire come uscirne, quanto di capire perché lo si è attirato.

Il Diavolo è l'antagonista, l'antagonismo per eccellenza. Tuttavia non è una presenza esterna.

Siamo noi il Diavolo. Noi quando ci poniamo in condizione di non essere completamente d'accordo e chiari con noi stessi. Spesso c'è un qualcosa che ancora frena, turba, muove i suoi fili dal di dentro e ci pilota sapientemente verso la confusione, di modo da non poter muovere un passo verso la giusta direzione: il lasciare andare le cose. Il passato è stato solo la nostra esperienza formativa.

Niente più che il nostro diploma, il nostro lasciapassare per questa nostra attuale vita di Luce e Consapevolezza. E allora ascoltiamolo questo Diavolo, che cosa ha da dirci? In chi si è impersonificato, quando sappiamo di essere noi stessi ad averlo manifestato?

Visualizza uno specchio, specchiatici dentro con tutta la tua figura: dietro di te compare la persona che identifichi come malevola o pericolosa. Lasciale spazio, falla entrare nello specchio mentre tu ti togli piano piano. Chi si sta specchiando realmente? Quale figura di riflesso compare nello specchio? Non vedi ancora niente? Fai così, manda allo specchio quanta più Luce puoi.

Adesso guarda meglio: non vedi che sei sempre tu? E quanti anni hai? Non è che ti si sta riflettendo un aspetto del tuo passato che ciclicamente ti si ripresenta e di cui ancora ti stai lamentando, facendo la vittima, nutrendo il tuo ego-mente verso questa direzione piuttosto che lasciarlo andare?

Fanne tesoro. Il Diavolo serve a darti la giusta direzione, non farti abbindolare dalle apparenze: prendilo e prenditi per le corna. Vai con tutto il tuo essere verso lo specchio, verso te stesso e abbracciati.

Immagina quindi di abbracciare questa persona che di riflesso ti ha dato questa opportunità di contatto con te stesso e di dirle che avete semplicemente un punto in comune: un passato non risolto, che vi rode ancora dentro. Visualizzati nell'aiutarvi a vicenda nel lasciare andare questo fardello mandandolo verso un tunnel di Luce che lo assorbe e lo disintegra, ringrazia, e poi, fatti tre bei respiri, ricopriti del colore che più ti piace. Ricopri tutta la tua Aura. Fai questo esercizio quante volte ti serve. A questo punto la tua frequenza vibratoria salirà e sarai libero dallo specchio.

Il Diavolo, lo specchio, ha fatto ciò che gli avevi chiesto. Ringrazialo.

La Regola del Gioco

Impegnati nel fare la performance migliore
solamente quando è il gioco a richiederlo.
Se una partita è semplice da vincere
è inutile sfoggiare il proprio talento
o un'eccessiva forma fisica quando invece
non serve: prima di tutto si rischia di essere visti
giocare da un temibile avversario giunto apposta
per studiarci, rendendogli più facile così la partita
contro di noi quando avverrà.
Inoltre è un insensato spreco di energie quando
invece si dovrebbe pensare al prossimo incontro
che si disputerà a breve e in cui magari la nostra
forza e la nostra concentrazione saranno
maggiormente richieste.

Paura

Scappa! Scappa! Scappa! Dov'è!? Dov'è!? Dov'è!?

Nulla. Solo foresta, nera. Nera è la paura. Nero è il terrore che ci corre a fianco.

Dov'è? Mi sta inseguendo? È pronta al balzo? È in agguato?

Dov'è? Sto correndo ma non so dov'è.

Prima o poi mi prenderà. Sto facendo troppo rumore.

Non vedo nulla. Non sento nulla. Soltanto il mio cuore che mi rimbomba nelle orecchie.

Solo il mio petto che macina a tutto vapore. No, mi prenderà. Dio non riesco a respirare.

Sopra un albero? Dentro a un cespuglio? Ovunque andassi mi raggiungerebbe. Salta, si arrampica, insegue, annusa. Aspetta.

Dio mio è finita. È la fine. I polmoni mi stanno scoppiando. I rovi che mi graffiano. Già non bastasse il sudore. L'odore della mia paura. Adesso percepirà, ancora più chiaramente, l'odore del mio sangue.

Mi devo fermare.

Stop. Il cuore non vuole smettere. Il corpo vuole correre. La mente, la mia mente è impazzita.

No. Non ce la posso fare. Non così. Troppo rumore. Troppo odore. Sono un pazzo, un elefante in una stanza piena di bicchieri di cristallo. Questo è il suo ambiente. Il suo terreno di caccia. Le basta aspettare e ascoltare. Aspettare e annusare. E poi mi sarà addosso.

Cosa posso fare? Dio mio, aiutami. Cosa?

Il silenzio è la sua arma. Una cosa nera e possente che si muove furtiva. Sa quando colpirti. Sa che è quando meno te lo aspetti.

Allora?

Devo ascoltare. Devo sentire da dove arriva se voglio andare nella direzione opposta. Devo sentire lei. Devo essere lei. Mi siedo. Calmati respirazione. Amica mia, mi servi per salvarmi, calmati. Calmati cuore, calmati mente. Mi serve silenzio. Mi serve pace e ascolto. Mi serve... me.

La foga della corsa si placa. Odo rumori. Il frusciare delle foglie. Sento odori. Il legno poroso degli alberi, l'umidità del terreno. Sento la foresta. Sì, ma non sento lei. Non importa. Faccio ancora più silenzio. Divento ancora più ascolto. Guardo, mi guardo dentro. Ho bisogno di tutto me stesso per annullare ogni rumore, ogni foglia che cade, ogni passo di ogni animale; la corsa di una formica, il ronzare di una mosca. Un uccello lontano. È tutto dentro di me. Lo riconosco. Lo spengo. Sto cercando una cosa sola.

Essere lei. Il silenzio. La notte. La paura che si trasforma in ascolto.

Sento movimento. C'è energia dentro di me. C'è energia fuori di me. Il Tutto. Non sento paura. Non sento dolore. Ascolto. Respiro. Io sono Vita. Non paura. Non dolore. Vita. Il Creato canta, non me ne ero mai accorto. C'è musica in cielo. C'è musica in terra. Musica in ogni pianta. Musica in ogni formica. C'è.

La vita scorre dentro a ogni cosa. E canta. C'è. Il mio silenzio è canto. Il mio silenzio è notte e giorno. Uomo e donna. Bianco e nero. Sono. Sento. Ascolto. Rinasco.

Apro gli occhi.

Lei è davanti a me. Seduta. Gli occhi verdi come smeraldi. Sinuosa. Elegante. Tanta saggezza nello sguardo. Sbadiglia. Mi si avvicina. Pone la testa all'altezza della mia mano. Vuole una carezza. È bellissima. È viva. Ha il pelo folto e corto. Lucido come petrolio. Accetta un'altra carezza.

"Ero sicura che avresti imparato. Sai, ne avevi tanto bisogno."

Sinfonia musicale, colori dell'Universo che si fondono a cascata nel mio Cuore, provo Amore. Tanto Amore. Per lei. Per me. Ogni dove.

E con un altro sbadiglio la pantera tornò nel folto della foresta.

Con un salto. Libera.

I
Il Bagatto

I
Il Bagatto

Il Bagatto, o Mago dir si voglia, è una carta speciale. Indica che è il momento di manifestare il proprio Talento perché è pronto a realizzarsi; il prendersi la responsabilità di sé stessi, di chi si è veramente: il nostro incarico in quanto Spirito e Anima.

Cosa teniamo nel cassetto di così prezioso? Ebbene questa carta ha tutti i requisiti in regola per aiutarci a tirarlo fuori, a esprimerne il potenziale realizzandolo nella realtà di tutti i giorni, non solo in un futuro ipotetico, bensì nel presente attivo, quello che ci accade di ora in ora, di momento in momento, di battito di Cuore in battito di Cuore.

Ecco che allora, se manifestiamo con fiducia, prendendo in considerazione ciò che è davvero più importante per il nostro Cuore, senza incertezza o dubbio, andando a pescare nel nostro vero potenziale o fondo di investimento, la strada si aprirà magicamente.

Il Mago indica la via, il prendere fiducia in sé stessi, il modus operandi, l'amicizia giusta al momento giusto, il Karma tramutarsi in Dharma istantaneamente e così via, in una lunghissima spirale verticale di incontri, occasioni, opportunità per il nostro Talento, nel suo esplodere e crescere nella giusta direzione.

Fa' un bel respiro e visualizzati al centro di un percorso bellissimo. Camminaci sopra assaporando il Viaggio, sapendo che passo dopo passo ti stai avvicinando sempre più alla tua realizzazione. Arrivi a una casa. Apri la porta.

Da una parte c'è una bellissima tavola imbandita tutta per te, prendine fino a saziarti e quando ti senti pieno e soddisfatto prosegui: c'è una stanza al piano superiore, con una scrivania. Siediti su quella sedia e scrivi:

Io sono pronto a manifestare il mio vero Talento. Il mio Talento è la mia Vita.

Io sono Consapevole e Pronto.

E quando hai finito firma, metti la data, il luogo e recati subito dal notaio per farci mettere un bel timbro di certificazione.

È il tuo atto di fede. La fiducia nel tuo Potenziale.

L'Universo adesso si prenderà cura di te. Lascialo fare. Tutto si aprirà alla grande.

La Regola del Gioco

Chi sa a cosa mira prima o poi arriverà
al suo traguardo perché avrà sempre dalla sua
una marcia in più rispetto agli altri:
la passione.
Il gioco si fa pesante soltanto per chi
non ha ambizione: per chi non sa ancora chi è
e non ha ancora messo in campo il suo vero
Talento. La sua Consapevolezza d'Anima.
La sua motivazione. Il suo scopo: quello che gli
dice il Cuore.
Il vento non gonfia le vele di chi non sa
dove andare amava dire un grande
filosofo dell'antichità.
Ricordalo.
È ancora attuale.
;-)

L'Uccellino Don Giovanni

"Penserò io a te papà, non preoccuparti. Tu riposati e del resto me ne occuperò io." Passarono i giorni e l'uccellino non si fece più vedere.

Nessuno pareva essere in grado di darne più notizia. Più di qualcuno si era detto sicuro di aver avvistato un gattone affamato gironzolare furtivo da quelle parti e più il tempo passava più quella dannata voce iniziava a pesare come un macigno sul cuore dell'anziano padre.

Bussarono alla porta: con aria mesta il vecchio uccello si avviò appoggiandosi al suo bastone, sicuro che fossero venuti a dargli la tremenda notizia,

quando, con estremo stupore, invece di un volto tetro e imbarazzato vi trovò quello raggiante del figlio: una nuova fidanzatina premeva al suo fianco e tutto orgoglioso si pavoneggiava di lei, aprendo e sbattendo le ali con forza.

"Ma come?" Lo riprese il povero padre ansimando. "Mi dici di non preoccuparmi di nulla e poi sparisci senza alcuna spiegazione? Non è così che si fa."

Ma l'uccellino, che non aveva occhi che per la sua nuova fiamma, a malapena si rese conto di essere stato rimproverato.

Così il padre lo prese in disparte: "Ascolta, sei giovane, hai tutto il diritto di divertirti e di vivere spensierato. Ma quando prendi un impegno mantienilo. Anche se questo dovesse costarti una nuova fidanzatina. Perché così come sei adesso, un fanfarone, non riusciresti comunque a tenerti nessuno, visto come ti sei comportato con me. Perché prima o poi, sappilo, ci si accorge di chi sei veramente."

L'uccellino smise immediatamente di agitare le ali e impallidendo per la vergogna si guardò attorno. Se prima per via della troppa euforia non se ne era nemmeno accorto, adesso, con l'aria di chi ha appena ricevuto un pugno dritto nello stomaco, realizzò in quali e quante condizioni pietose vertesse la casa di suo padre. Tutto era fuori posto. Non c'era nulla che fosse neanche lontanamente riconducibile a un minimo di ordine. E lui, suo padre, era davvero magrissimo. E dire che era venuto addirittura a pavoneggiarsi.

Dopo aver abbassato la testa l'uccellino si scusò profondamente e rimboccatosi tanto di maniche si mise subito all'opera, rassettando, pulendo e preoccupandosi di portare ogni giorno cibo a suo padre. E fu così che un po' alla volta tutto si risolse per il meglio. Il vecchio uccello tornò in salute e a condurre uno stile di vita più consono e dignitoso e il giovane uccellino poté finalmente dirsi soddisfatto di sé.

E la fidanzatina? Anche se in tutto questo era stata lasciata in disparte, vedendo lo zelo con cui il figlio si prendeva cura del padre, e il senso di responsabilità dimostrato nonostante la sua giovane età, se ne innamorò ancora più perdutamente: che fortunata che era stata, aveva trovato proprio un bel esemplare, così piacevole e attraente.

E anche così maturo.

XX
L'Angelo (Il Giudizio)

XX
L'Angelo

Aiuto ultraterreno che sistema, rappacifica, fa pulizia e lascia andare ciò che non serve.

Una carta di riequilibrio e armonizzazione tanto fortuita quanto molto fortunata. Poni da parte la quotidianità, quello cioè che stai trattenendo: osserva le tue mani in visualizzazione. Se stanno reggendo qualcosa appoggialo a terra, lo recupererai dopo. Come sta il tuo respiro? A mano a mano che l'aria passa dal naso alla bocca, dalla bocca alla gola e dalla gola ai polmoni, si illumina qualche blocco o cristallizzazione? Se sì, e in base a come lo visualizzi, lascia arrivare il modo adatto per pulire. E, visto che i polmoni sono così vicini al cuore, già che ci sei da un occhio: di che colore lo vedi? È un colore a te affine?

Se non lo è ripristina il suo colore.

Adesso sei pronto per comunicare con la carta de Il Giudizio, anche detta L'Angelo.

Mettiti ancora più comodo e visualizza di fronte a te questa carta. Non la vedrai ferma, bensì vibrare, fino a diventare luminosa. Ma non preoccuparti: è solo perché si sta attivando.

E più diventa luminosa più sei in grado di vedere la tua aura: come sta? È in buone condizioni o è affaticata? Se vedi colori scuri, macchie o filamenti approfittane: se qualcuna di queste cose ti comunica fastidio e non regolarità o utilità, rendi la tua aura di nuovo armonica, rimettendola in ordine.

Tutto bene? Ora Il Giudizio, o Angelo, ti farà fare un lavoro di riequilibrio vero e proprio, armonizzando con la sua altissima frequenza/vibrazione tutti i tuoi chakra, uno a uno. Guardali tornare splendidi, puliti e armonici, e tutti in comunicazione tra loro. È questo il vero dono che ti fa l'arcano maggiore numero venti: riarmonizzare tutti i chakra, riconnettendoli tra loro e riaprendo la comunicazione con la Madre Terra e l'Universo.

Non male per una singola semplice carta, non trovi? ;-)

La Regola del Gioco

L'arbitro è in campo. Sa quello che deve fare
e non sempre è propenso a dare un'esagerata
importanza a ogni singolo fatto che avviene
durante le varie fasi di gioco.
Si può anche lasciar correre ogni tanto
altrimenti il ritmo della partita
ne risentirebbe troppo.
Cosa significa?
La Vita è troppo breve per mettersi a fermare
le cose per studiarle nel dettaglio:
molto è solo temporaneo e va visto e vissuto
per quello che è e poi lasciato andare.
Perciò è meglio lasciar correre troppi pensieri
che offuscano la Mente per concentrarsi
su ciò che è realmente importante e che traccia
la nostra esperienza in base alle nostre scelte:
vivere il Qui e Ora.
L'Adesso.

Con gli Occhi Liberi dalla Mente

In città c'erano i fuochi d'artificio.

"Guarda lassù, tra i fuochi colorati, vedi? C'è una stella."
L'altro bambino guardò e riguardò: non vide nulla.

I fuochi d'artificio finirono e la gente cominciò ad allontanarsi. "Io continuo a non vedere nulla." Rispose.

"Guarda bene." E con la punta del dito l'amichetto gli indicò un puntino di luce che brillava solitario nel cielo.

"Prima non c'era!" Esclamò il ragazzino. "Com'è possibile?"

"Semplice. Se tu ti fossi accorto per primo di quella stella e me lo avessi detto anche io avrei fatto fatica a vederla."

"Per via dei fuochi d'artificio?"

"No, non per quello: volevi troppo vedere."

Un sorriso a te e a chi ti è vicino. Forse questa favola ti ha insegnato qualcosa o forse no, ma tienilo sempre presente, il Tutto passa attraverso di noi e vede attraverso di noi.

Soltanto però se glielo permettiamo.

XIV
La Temperanza

XIV
La Temperanza

Saper aspettare è una qualità fondamentale di ogni Iniziato al Sapere Cosmico. A volte stiamo troppo tempo a domandarci cosa sia giusto fare quando invece le cose avvengono da sé.

Questa è una carta che io definirei Il Gioco del Destino.

Immaginala come un caro amico molto saggio che ti appoggia la mano sulla spalla e ti dice: "Pazienta, attendi soltanto che il gioco, cioè il Destino, si faccia. Nulla di più." A volte, senza un motivo apparente, e senza la nostra partecipazione, tutto si sistema, o, quantomeno, prende la direzione giusta.

Questo è il messaggio che ti porta La Temperanza.

Saper aspettare.

Vuoi che nel frattempo, nell'attesa, ci armonizziamo un po' all'Universo e al suo Intento?

Prendi una candela e una pietra (un quarzo o un ametista, ecc.) a te cara e a cui darai il ruolo di Universo.

Una volta accesa la candela, ponila per terra assieme alla pietra e siediti a un metro di distanza da entrambe ricavandoti il tuo spazio, il tuo cerchio, in un ambiente tranquillo e silenzioso.

Quando ti sei centrato, ed emani una vibrazione di consapevolezza e comprensione, piegati come se fossi in profonda preghiera.

Sì, proprio così, allungati con la schiena per arrivare a toccare il suolo con la fronte. E proprio perché non lo facciamo spesso e ci dimentichiamo di essere delle minuscole gocce d'acqua che, una insieme all'altra creano un oceano, questo è il momento che ti sei ritagliato per domandare scusa all'Universo.

Ogni bambino, prima o poi, si rende conto che il genitore quella data volta aveva ragione, e ogni tanto chiedere scusa fa bene perché l'Universo è come un genitore paziente che con la sua grande esperienza e bontà ci insegna e ci sprona.

Perciò stai un po' così e ascolta, rilassa la schiena dal peso di paure e frustrazioni e chiedi scusa all'Universo con limpida umiltà per tutte le volte in cui ti sei comportato con arroganza e non hai ascoltato i suoi Messaggi.

Credimi, fa bene.

Vedrai che le cose andranno meglio.

La Regola del Gioco

Non tutto serve per un risultato immediato.
Un vero giocatore professionista lo si vede nella
lunga distanza, in base a quello che ottiene e
dimostra nel tempo.
Perciò, essere troppo sicuri di sé non fa di noi un
campione. Il più delle volte è proprio quando
non ci atteggiamo, non ci riteniamo superiori,
che riusciamo a dare il meglio.
Questo perché vincere è solo una battaglia
che di volta in volta, seppur diversa,
si ripresenta. Ma giocare senza arroganza
permette di essere un pelo sopra all'avversario.
Sempre.

La Sposa in Fuga

È l'ipotetica scena di un b-movie (film di serie b). Oppure di un romanzo economico.

Uno dei due, a scelta.

Il protagonista, di un mondo immaginario, sta guardando questo video musicale. Una sposa che corre a perdifiato. Senza pace.[1]

E lui, il protagonista, pensa tra sé e sé: Una corsa a cui si è stati iscritti inconsapevolmente. Una gara che è già iniziata e tu non lo sapevi, e non puoi fare altro che correre e correre, appresso al Sole, al suo girare in tondo, con il fiato che si fa sempre più corto,

all'infinito: ... perché mi è venuta in mente questa vecchia canzone dei Pink Floyd?

E dopo aver spento il televisore, rimuginando, esce e guarda le stelle.

Potremmo anche finirla così, tuttavia lui invece no, il protagonista prende il telefono, fa un numero a caso e chiama: chiama le stelle.

"Nasci e hai già addosso un Debito Pubblico, e un Peccato Originale, il senso di colpa di essere uomo. Quindi hai e sei già sbagliato. Da subito. Poi cresci e devi rincorrere questo e quello... questo e quello. Non c'è mai tempo. Solo fare e rincorrere. Fare e rincorrere. Come un automa.

Possibile?"

"Cos'è che realmente ti stai chiedendo?" Rispondono speranzose le stelle.

---

[1]

Wolf

Alice - Space and time

"È solo che... È solo che... A me... sembra... di essere in un matrimonio combinato da cui si cerca per tutta la vita di scappare! Non Amo e non sono Amato. Non è stata una mia scelta. Questo Sistema non sono io. Non è Vita. Questa società programmata è tutto tranne me. Io ho un Me. Ho un'Anima, giuro che ce l'ho. Ho il mio sentire, ho il mio Cuore. Mi sento come quella sposa che corre impazzita, e scappa e scappa. Perché io so che se volessi... so che se solo volessi... io potrei..."

"Sì?!" Continuano con gioia le stelle: "Cosa?!" E si aspettano che lui capisca, che lui abbia intuito che tutto serve soltanto a una cosa: essere Se Stessi. Qualsiasi passaggio tu faccia o attraversi, qualsiasi esperienza ti sia occorsa e ti sia piovuta addosso come un macigno, o come un fiocco di neve, serviva a farti capire il tuo potenziale e tirarlo fuori. Essere il Te che sei veramente, il Creatore di ogni Universo.

Ma il protagonista guarda lo schermo spento del cellulare e poi rialza gli occhi al cielo con un velo di tristezza. "Sto parlando con il vuoto. Stupido video musicale. È meglio che rientri." E riattraversa la porta.

Le stelle abbassano la testa. Ci riproveranno. Gli manderanno un altro video e poi un altro ancora. Tutti quelli che ci vorranno.

Perché il protagonista non lo sa ancora, ma lui è veramente sposato.

Ed è più Amato che mai.

VI
Gli Amanti

VI
Gli Amanti

Sei sicuro di stare facendo gioco di squadra? Ti stai permettendo di poter vedere e quindi integrare il punto di vista altrui oltre al tuo? Nulla a che vedere quindi con l'Amore, l'Anima Gemella e quant'altro. Semplicemente, lo scopo della sesta carta degli arcani maggiori è di incoraggiare Armonia e Integrazione. Farti capire che portare avanti tutto da solo è controproducente. E poi perché farlo? C'è l'Universo sempre con te ad accompagnarti e sai che spesso parla e agisce anche attraverso gli altri.

Lo schema ripetuto è andato. Svanito perché è servito solamente nel passato. Sei tu che lo stai mantenendo.

Rilassati, fai un bel respiro, quindi un altro e un altro ancora. Non senti la Vita scorrere fluida e serena in te? Ora riposati. E nel frattempo, perché non dici a te stesso questo: Sono qui per imparare e aiutare anche gli altri a farlo.

Se sono solo è perché lo voglio.

Ora fa' un altro respiro. Sciogli questo schema.

Un respiro e ripeti: Relaziono me stesso agli altri.

Un altro respiro e: Relaziono me stesso all'intero Universo.

Un terzo respiro e: Io Amo me stesso, gli altri e l'Universo.

Non si sta meglio?

Riprenditi, ne hai bisogno. E manda un pensiero d'Amore al Tutto.

Qualsiasi cosa tu chieda si risolverà, perché si è già risolta, dentro di te.

Un sorriso a te, caro compagno di squadra.

La Regola del Gioco

Mentre stai giocando non badare a quello
che fanno i tuoi compagni di squadra:
loro stanno facendo del loro meglio proprio
come te. E se ti sembra non siano in partita
vai avanti, continua lo stesso a dare
il tuo massimo.
Loro potrebbero semplicemente stare dando
il meglio in un modo diverso dal tuo e pensarla
esattamente come te su quello che tu stai facendo.
Concentrati sul gioco, al momento giusto
ti accorgerai del loro talento.

Un Bel Paio di Ali Nuove

C'era una volta una mosca. Ronzava e ronzava e si indispettiva del suo stesso ronzio.

"Non ne posso più!" Si disse un giorno dopo essersi definitivamente stufata del brusio emesso dalle sue ali: "Fratello moscone aiutami tu."

Il moscone, che lavorava come operaio in una fabbrica tessile, le preparò due splendide ali lunghe il doppio delle sue, talmente belle da sembrare le ali affusolate di un aliante e tutta felice la mosca si mise subito a provarle: le applicò alle sue con dei fermi in tela e iniziò a volare. Silenziosamente.

"Dove vai con quelle ali finte? Non vedi che ti sono d'intralcio!" Gli gridò un calabrone un po' preoccupato dall'interno di un fiore.

La mosca neanche lo badò e volandosene imperturbata se ne andò via.

Fu il turno di un'ape che la raggiunse in volo: "Se fossi in te mi toglierei subito quelle ali: non si sa mai cosa ti potrebbe capitare. Di certo le tue saranno anche molto rumorose, però sono lo strumento perfetto che Madre Natura ti ha donato non solo per volare, ma anche per difenderti all'occorrenza."

La mosca voltò la testa scocciata: "Siete tutti invidiosi!" E scappò in cerca di un posto meno affollato per godersi le sue belle ali nuove di zecca in santa pace.

La giornata stava volgendo al termine ed era quasi ora di rientrare e di riporre le sue belle ali nuove, se non che, proprio quando stava per ritenersi soddisfatta, una folata di vento la sospinse proprio in direzione di una ragnatela. Ci mancò un soffio. Fu solamente per un vero colpo di fortuna se riuscì a evitarla, tuttavia qualcuno aveva assistito interessato alla scena: "Che belle ali che hai." Si complimentò il ragno strofinandosi le zampette mentre la mosca riprendeva fiato su un ramoscello appena lì sopra. "E che padronanza. Quasi quasi metti voglia anche a me di andare a farmene fare un paio. Chi te le ha fatte?"

"Mastro moscone, sono stupende non è vero?" Rispose lei gongolando di felicità.

"Certo, non ti avevo nemmeno sentita avvicinarti! Puoi farmele vedere meglio? Alzane una così che io la veda e possa rendermi conto di cosa poter chiedere al mastro tessitore."

Senza pensarci un attimo, tutta entusiasta la mosca alzò in verticale una delle sue belle ali e il suo astuto interlocutore sorrise.

Quel giorno il vento non aveva mai smesso di soffiare, e il ragno lo sapeva. E così infatti finisce questa storia. Con un ragno sazio e una mosca che per una folata di vento è finita nella sua pancia. La morale?

Beh, dovresti averla capita da solo. :-)

XVII
Le Stelle

XVII
Le Stelle

Non è tutto oro quel che luccica.

Siamo sicuri che sia questa la direzione giusta? Ciò che abbiamo in testa, è realmente una vera fortuna da realizzare o è puro gioco della Mente? La domanda è lecita. Le Stelle invitano a una certa prudenza. Se il costo di realizzazione è troppo alto, per quanto alettante o alettanti siano, la nostra idea o idee sono effimere. È meglio lasciare stare. Se viceversa il nostro intuito e la nostra motivazione sono ben radicati e maturati nel Qui e Ora, la strada è aperta.

Un semplice aiuto: poniti al centro del tuo Cuore e chiedi all'Universo lumi su ciò che ti è stato proposto o che vuoi che si realizzi. Quando ti senti pronto visualizza tra te e l'obiettivo un ponte. Come ti appare? È solido e resistente o è fatiscente o costruito solo a metà? E se c'è qualcosa che lo sbarra a mezza via, qual è la motivazione: ti si vuole dare un aiuto su ciò che per ora non è bene affrontare perché sarebbe energeticamente troppo dispendioso o piuttosto rivelare quali potrebbero essere gli ostacoli a una buona riuscita?

Chiama a te il tuo Angelo Custode e chiedigli che cosa sia meglio fare. Se l'Angelo piuttosto che farti intraprendere il ponte ti fa voltare e riprendere la tua strada significa che stavi solo perdendo tempo.

Perché è proprio così: non è tutto oro quel che luccica.

La Regola del Gioco

La partita della vita, quell'unica magica volta
in cui abbiamo brillato in campo dall'inizio
alla fine e siamo riusciti a dimostrare valore
su valore e a ottenere riconoscimenti a destra
e a manca non esiste: ci sarà sempre qualcosa
che non va e qualcosa da aggiungere all'Esperienza.
E poi, perché sprecarsi a vivere nel ricordo? Perché
voler vivere di paragoni con quel momento?
La partita della Vita è cambiare: accettare
di essere sé stessi qualsiasi sia la situazione che
andiamo ad affrontare, di volta in volta.
Se non siamo noi stessi, se abbiamo la testa solo
sull'aspettativa e su ciò che ci aspettiamo di
dimostrare, si perde il campo, non solo la palla.
Mentre invece, se siamo sempre presenti a noi
stessi, se sappiamo come stiamo e dove stiamo
andando, non avremo bisogno di sprecare energie
per coprire un ruolo che magari non ci compete
o che non possiamo sostenere.
Magari saremo costretti ad andare piano, a non
impiegare le nostre risorse sulla velocità a causa di
un infortunio subito, ma se siamo in piena
consapevolezza non abbiamo bisogno di correre per
fare goal, basta ascoltare il momento. Dove tira il
vento. E posizionarsi dove sentiamo che sia più
giusto. Il goal, o la palla goal da passare al
compagno, saranno molto più alla nostra portata,
alla portata di una testa sgombra
e di un Cuore che sente.
Il Vento parla. Ascoltalo.

Una Giornata Particolare

ESTERNO. INTERNO ABITACOLO FURGONE – GIORNO

Gli occhi dell'uomo continuano a spostarsi nervosamente tra strada, posacenere, e orologio. Un pacchetto di sigarette gli sporge dalla tasca.

Il motore è acceso, il veicolo fermo. La strada provinciale lascia il posto a una stradina sassosa che inoltrandosi attraverso a delle sterpaglie conduce al boschetto che circonda la casa della figlia dell'anziana passeggera: no, per un mezzo così voluminoso quella specie di sentiero non promette proprio nulla di buono e il tempo stringe; ha fatto troppa strada fuori programma e c'è ancora un'enormità di consegne da fare.

CORRIERE: È questa la strada?

L'anziana donna accenna un colpo di tosse quindi annuisce.
Un'altra occhiata all'orologio digitale.
L'uomo sterza il volante e avvia il furgone sulla stradina scoscesa.

ESTERNO. INTERNO ABITACOLO FURGONE PARTE SECONDA – GIORNO

Lo spazio fuori è così angusto che non ci si può nemmeno girare. La vecchina non ha telefonato alla figlia: si è semplicemente messa in marcia di buonora vista la grande distanza che doveva coprire a piedi e ora la figlia non c'è.

La casa è tutta chiusa. Le cose si fanno più serie.

FLASHBACK

Mattino presto. Mentre l'anziana esce di casa avviandosi lentamente sulla strada provinciale un piccolo furgoncino si ferma per chiedere un'indicazione e con la scusa di aiutare il conducente a raccapezzarsi si autoinvita a salire, dando le dovute indicazioni all'occorrenza e attendendo che il corriere smaltisca a mano a mano le consegne.

ESTERNO. INTERNO ABITACOLO FURGONE PARTE TERZA – GIORNO

Della figlia ancora nessuna traccia. Fidarsi a lasciare l'anziana lì da sola in mezzo al nulla per non si sa quanto tempo è fuori discussione, sembrano dire gli occhi sempre più nervosi del corriere. Eppure deve andarsene.

Un'occhiata al foglio consegne: l'urgenza di finire è impellente. Forse la cosa migliore è riportare semplicemente la donna sulla strada principale.

L'uomo mette in moto e avvia la retro. Lentamente.

ESTERNO. VISUALE ESTERNA DEL FURGONE – TRAMONTO

L'uomo è chino e sta armeggiando con degli attrezzi.

Uno pneumatico è a terra.

Si alza.

Osserva la lunga linea della strada provinciale diramarsi tra le montagne ed estratta un'altra sigaretta se la accende.

SECONDO FLASHBACK

È al telefono.

Dal modo in cui alza la voce si capisce che la persona all'altro capo non vuole sentire ragioni. Alla fine esasperato chiude di scatto la conversazione.

ESTERNO. VISUALE ESTERNA DEL FURGONE –
TRAMONTO – PARTE SECONDA

Dissolvenza. Attraverso il tergicristallo il viso di sua madre
si sovrappone al viso dell'anziana donna fatta salire quel
mattino. Non può lasciarla sola ad attendere in mezzo alla
strada, pensa scuotendo la testa. L'unica cosa da fare è
riaccompagnarla a casa facendo all'inverso tutto il lungo
tratto che li separa dalla sua abitazione.

FINALE

Metà delle consegne inevase, il furgoncino rappezzato con
la ruota di scorta e ben due pacchetti di sigarette andati:
dov'è la connessione con l'arcano delle Stelle e la relativa
regola da applicare in campo? È semplice: nessuno avrebbe
impedito al corriere di chiamare un taxi o provare a fermare
qualche altro automobilista. Ma avendo litigato con l'anziana
madre proprio il giorno prima, sentendosi in colpa per averle
chiuso il telefono in faccia, seppur inconsapevolmente si è
trovato a cercare di espiare con un'estranea, rimettendoci di
tasca sua.

Quindi la carta delle Stelle suggerisce prudenza: saper
valutare bene i pro e i contro della situazione e soprattutto a
mente sgombra.

C'è sempre una vecchina pronta a farci perdere tempo ed
energia, dentro di noi, proprio dietro l'angolo.

XXI
Il Mondo

XXI
Il Mondo

Carta benaugurante per antonomasia, il ventunesimo degli arcani maggiori mostra tutto il suo buon auspicio attraverso la sua stessa rappresentazione: un insieme di lieti eventi proclamati tanto dal Destino quanto dall'estrema fiducia nelle proprie risorse e nelle proprie possibilità di successo.

Se di solito si ritiene che contro il Destino non si può nulla o, viceversa, che solo con le nostre forze possiamo crearci una strada migliore, questa carta unifica e cementifica le due diverse vedute, le due polarità distinte.

La strada è spianata.

Soltanto una cosa: fidati di me. Un bel respiro (eh sì, sempre quello) e via di visualizzazione. Come sta il tuo Io Bambino? Sai quanto importante sia e quanto tutto quello che ci costruiamo durante la nostra adolescenza e nella vita matura ruoti attorno al nostro stato di magia interiore, a quel bambino che siamo stati e che in fondo, anche se a volte non vogliamo ammetterlo, siamo tuttora. Perciò ecco il mio consiglio; ho molto a cuore il Sé Bambino, per questo facciamo questa piccola connessione adesso, perché è molto più semplice farlo in un momento di serenità o successo, quando cioè le nostre difese mature, il senso del dovere e di responsabilità non sono chiamate strenuamente in azione, piuttosto che in una situazione in cui ci si trova ad essere sotto pressione. Mi raccomando però, non confondiamoci con il Bambino Interiore...

Cos'è il Bambino Interiore? È la Rinascita, la Vita, un alone tanto luminoso quanto contagioso attorno alla nostra aura, una sorta di scambio tra Io Interiore e Io Esteriore allineati al nostro sentire. Non ti è del tutto chiaro? È la voglia di rinnovarsi assieme agli altri passando attraverso il Sé, comunicare gioia attraverso quello che si fa: un insieme perciò di vitalità, forza d'animo, e costruttività positiva. In altre parole è il nucleo vitale di una persona, la Vita intesa come Spazio Aperto, di Cielo, di Terra, di Mare... qualsiasi cosa sia libero aspirare a essere Sé Stessi. Se Dio, o il Creatore del Tutto, è un cielo stellato, il Bambino Interiore è l'aereo che lo sorvola.

E allora, torniamo al nostro Io Bambino: visualizza il tuo colore preferito e immaginalo come una porta tutta dipinta che si apre nel tuo mondo interiore. Lascia che arrivi a te l'immagine del bambino che sei stato. Guardalo. Come sta? Sta giocando? È in compagnia di qualcuno o è da solo? In ogni caso chiedigli se ha bisogno di qualcosa e poi, dopo averne conquistato l'attenzione, avvicinalo, parlagli: prendilo in braccio. Rivivi la sensazione che dà la Magia, il vedere il Mondo con gli occhi grandi e innocenti di un bambino, e stringilo forte al cuore.

Perché è l'ora di fare un bel brindisi: al fato benevolo, a te stesso, al tuo Sé Bambino e al tuo successo.

Nessuno ti può fermare.

Allora, che sapore ha la vittoria? :-)

La Regola del Gioco

Non esiste che dopo aver tenuto duro,
macinato fatica e mandato giù bocconi amari
pur di mantenere salda la concentrazione
sulla partita, nel momento in cui si vince
non si esulti o non si gratifichi sé stessi.
La falsa modestia è ancora peggio dell'arroganza.
Viva la vittoria!
Tutto l'impegno messo, sia come singolo
che come squadra!
Avanti, festeggiamo; festeggiare in fondo
non è altro che uno dei tanti sinonimi di Amare.

La Nostra Vera Ricchezza

C'era una volta, in un palazzo fatato, una giovane principessina. Era molto bella però: vuoi perché non trovava mai il rossetto giusto da abbinare all'abito, vuoi perché secondo lei l'acconciatura non dava giusto credito al suo regale nasino, perdeva così tanto tempo nel prepararsi ogni volta che veniva invitata a uscire da un principe di un regno fatato limitrofo, che immancabilmente l'orario dell'appuntamento saltava e non sapendo decidersi su cosa inventare come scusa, per non sembrare maleducata o svampita mandava a riferire di un fantomatico stato precario di salute, tanto che tra tutti i regnanti si era ormai diffusa la convinzione di una giovane principessa tanto bella quanto sfortunata, menomata nel gioire della sua gioventù a causa di una cagionevolezza innata.

La cosa andò avanti per molto finché la regina, preoccupata di non poter avere un futuro erede per il suo regno, si decise a intervenire facendola chiamare.

"Figliola cara." Disse alla figlioletta infelice: "Anche se una regina non sa accompagnare il colore del suo abito al trucco giusto, se è dotata di una personalità forte e sicura sarà sempre un passo avanti rispetto agli altri.

Perché potrà anche risultare esteriormente stravagante, ma non sarà mai fuori tono, anzi creerà tendenza e ammirazione. Ma tu mia cara, una principessina vanesia che non sa apprezzare la fortuna che gli è capitata, e cioè di nascere regale, non sarai altro che una schiava. Perché chi si preoccupa più della sua apparenza che del contatto umano non sarà altro che una vittima, sia di sé stessa che degli altri. Per sempre, per tutto il resto della sua vita."

La morale della favola perciò è: valuta bene la tua fortuna, qualunque essa sia, e fanne la tua arma vincente. Sei tu e solo tu l'unico che può boicottarsi. Nessun altro. Perché la nostra vera ricchezza è focalizzarsi su ciò che si è e si ha, lasciando perdere il resto.

Lo sai tu, lo sa la regina di un regno fatato, e adesso lo sa anche la sua giovane figlia che, dopo essersi presentata in perfetto orario al più aitante dei suoi spasimanti con un'acconciatura normale, un ancora più semplice abito da sera e senza un filo di trucco, lo ha immediatamente conquistato. In che modo? È semplice. Con la cosa più naturale che possedeva: il suo schietto sorriso.

XI
La Forza

O. Vallance

XI
La Forza

Non perdersi d'animo è sinonimo sia di forza che di saggezza.

Soltanto una persona estremamente saggia, infatti, riesce a mantenere un proprio equilibrio nonostante le avversità e La Forza, l'arcano maggiore numero undici, indica proprio questo: prove in arrivo. Intuire dove sta l'arcano, cercare cioè di capire il significato che può avere per il nostro futuro quello che stiamo attraversando è solo in parte corretto. Perlopiù si tratta di sentire.

Sentire che gli eventi non stanno cospirando contro di noi, semmai ci stanno in qualche modo aiutando e che quindi gli unici a poter fare la differenza siamo noi, restando centrati e cercando di essere ottimisti per quanto possibile, in modo da agevolare il dipanarsi della situazione per il meglio.

Essere forti, avere con sé La Forza degli arcani maggiori come compagna, è sempre sinonimo di buon auspicio.

Non siamo soli. Non lo siamo mai. Andiamo avanti.

Un consiglio: nei momenti di incertezza sin dal mattino presto faccio questo piccolo esercizio che mi è stato suggerito un po' di tempo fa, prova anche tu.

Dopo essermi centrato chiedo aiuto al mio animale guida e lo visualizzo camminare al mio fianco, giorno dopo giorno. Si tratta di un animale totem e può essere che poi cambi, come può essere anche che ne compaiano più di uno.

Ti assicuro che aiuta tantissimo. E poi, se sei particolarmente curioso, c'è sempre il lato stuzzicante di andare a cercare, in qualche libro o in Rete, il significato dell'animale totem che si manifesta.

Può essere che ci vorrà del tempo prima che la situazione si risolva, ma so che sei in gamba: e con La Forza degli arcani maggiori a darti sostegno vedrai che ogni cosa andrà al suo posto.

In bocca al lupo! (Grazie lupo!)

La Regola del Gioco

Se tira vento sii vento tu stesso
e approfitta per dare un effetto vincente
alla palla, anziché comportarti come una barriera
inutilizzabile in mezzo al campo.
Se sei stanco, fa' della stanchezza la tua arma
vincente promuovendo un gioco di squadra
in cui a fare la differenza non è più il singolo
ma un team ben organizzato e distribuito
e in cui ognuno mette in campo ciò che è
il suo attuale meglio.
Se ritieni che vincere sia il giusto risultato,
quello che ti meriti, allora gridalo alla squadra,
fa sì che ne venga coinvolta, fa spogliatoio.
Se il gioco rallenta sii tu il fautore di un nuovo
cambio di tempo, di ripresa di velocizzazione.
Non aspettare.
Se pensi che l'arbitro ti sia contro o non vi
favorisca mantieni fair play e sorriso:
la tua vittoria sarà doppia.
E se credi che questo non sia un giorno fortunato
per giocare, cerca il volto più positivo e sereno
tra quelli dei tuoi compagni: la sua fiducia
influenzerà anche te.

Vedersi allo Specchio

"Maestro, la mia compagna a volte mi deride. Ho questa sensazione. Non intende il mio compito di Portatore di Luce; non lo riconosce, ne è insensibile. Tutto questo mi rattrista e tende a farmi chiudere in me stesso. Che si possa trattare di un mio specchio?"

"Caro figliolo." Rispose annuendo il Maestro. "È lo specchio umano e devi esserne grato. Se ci si perde troppo nello Spirito, tralasciando l'aspetto umano del Qui e Ora, l'essere grati, cioè di essere Uomo, si rischia di cadere nel Giudizio: l'altrui specchio è proprio questo. Lo vedi? Parti dicendo che sei Portatore di Luce attestando perciò, in qualche modo molto sottile, che lei non lo è. Eppure tutto è Luce. Ti spiego: l'Ego tutto sommato è molto semplice, giudica ciò che non sa, teme l'incognito e cerca di difendersi come meglio può, restando nell'ombra, tramando di sottofondo, creando contrasti per rimanere in potere, nella sicurezza di ciò che sa e conosce, per non avere sorprese. Questo è l'umano. Il nostro compito però è di arrivare a vedere chi siamo realmente: siamo qui per un motivo. Siamo in Viaggio. E tutti gli altri attorno a noi rappresentano un pezzo di questo viaggio. Un pezzo della nostra evoluzione che da soli non raggiungeremmo mai. Come ben sai ai bambini non si insegna con la violenza né con la troppa disciplina. Ai bambini si insegna conquistandoli, mettendosi a loro disposizione, comportandosi come un fratello maggiore che diventa il loro eroe, un modello da seguire. Ed è con il giocare perciò, rimanendo consapevoli e sorridenti anche quando lo specchio non ci piace, che si può aiutare il nostro Ego nel cambiare il modello comportamentale. Non avere più paura o timore del tuo riflesso; di ciò che non vuoi vedere o, ancora peggio, apprendere su di te: lascia perdere le tue difese. Cerca di scoprire in fondo al Cuore il tuo potenziale, chi sei veramente. Cerca di cooperare.

Di aprirti. Sia con te stesso che con lei. Per il meglio di entrambi. E così, di riflesso, anche la tua ragazza cambierà."

"Grazie Maestro, mi è tutto più chiaro. Per arrivare a questo si ha bisogno di un'Anima così piena d'Amore che sia disposta a farci da specchio; che ci aiuti, nonostante la nostra sofferenza, a guardarci dentro e a tirare fuori le nostre risorse. Noi stessi. Perché si cresce assieme. Tutto è Amore, sia chi fa da specchio, sia chi fa l'azione della Comprensione. Siamo tutti Uno."

V
Il Papa

V
Il Papa

La quinta carta degli arcani maggiori rappresenta un invito alla tolleranza intesa come Resilienza. Piccoli grandi dispiaceri, fraintendimenti, situazioni spiacevoli; piccole o grandi battaglie perse o vinte che siano e che comunque hanno fatto sì che ci fossero frizioni, scontri o allontanamenti: la parola giusta è Resilienza.

Ma partiamo dalla tolleranza, innanzitutto. Si sa che la vita ci porta a fare delle scelte e questo include anche il doversi mettere in posizioni scomode, vuoi per sentimento, vuoi per quella che sentiamo essere una giusta causa, a volte siamo portati a dover prendere decisioni che implicano anche lo scontro se non la perdita di persone care. Bene: tolleranza significa il sapere di poter contare sulla Guida Celeste per poter arrivare a sciogliere i nodi. La pazienza e la saggezza necessarie per farlo.

La carta del Papa è la chiave giusta per iniziare a fare questo tipo di lavoro energetico: visualizza il tuo corpo, la tua aura e quindi il Sé Superiore. Manda Luce attraverso di esso ai vari strati della tua aura finché non risalterà il punto fermo, la cristallizzazione (potresti vedere appunto un cristallo o un chiodo o un pugnale o una macchia scura ecc.) dovuta ad un accadimento spiacevole e quindi, a modo tuo, adoperati per rimuoverlo e trasformarlo in Amore Incondizionato: ti apparirà un Cuore o un fiore e così via. Chiedi quindi al tuo Sé Superiore il perché di tale nodo. A cosa era collegato: c'era uno scopo? A cosa è servito?

Tutto è per il meglio, lo sai, è da molto che sto insistendo su questo. E Resilienza, infatti, significa proprio arrivare a trasformare le proprie resistenze o i residui di vecchi o recenti attriti in Consapevolezza da ritornare poi all'Universo con un bellissimo messaggio d'Amore: Ho capito, grazie. Questo serve e servirà tantissimo non solo al tuo Ego, per calmarlo e armonizzarlo, ma anche a chi era imbrigliato assieme a te in questo nodo: sciogliendolo farai il suo bene assieme al tuo, contribuendo a migliorare l'Universo stesso.

Quindi, prima si acquisisce Consapevolezza della cosa, attraverso il dialogo con il nostro Sé Superiore e poi la si scioglie, trasformandola in Amore con un bel grazie. Un consiglio: sviluppa il tuo Intuito di volta in volta, partendo dal dialogo con il Sé Superiore per poi arrivare a capire da solo ciò che si nasconde dietro alle apparenze, il messaggio positivo che si cela dietro a ogni situazione.

Spero di esserti stato di aiuto.

Un forte abbraccio.

La Regola del Gioco

Se nonostante i nostri sforzi la partita
non va è inutile arrabbiarsi con noi stessi.
Certo, è una grossa responsabilità il cercare
di far andare bene le cose in campo, mantenendo
il controllo della situazione e la lucidità necessaria
per farlo, ma bisogna anche sapersi distaccare
da ciò che si vorrebbe realizzare per confrontarsi
più realisticamente con ciò che è possibile fare.
Una giusta via di mezzo.
Il fluire.

Il Maestro Zen

Oggi voglio raccontarti una storia che risale ai tempi delle scuole medie, quando un insegnante di religione, una brava persona di cui ho un caro ricordo, se ne fece tramite.

Un giorno un famoso Maestro Zen venne invitato a tenere una conferenza. Presto la notizia fece il giro del luogo: molti aspettavano da tempo di poter incontrare quest'uomo notoriamente tanto saggio quanto schivo e, dato che l'opportunità di poterlo vedere era una cosa più unica che rara, una moltitudine di persone si assembrò nella sala, in silenziosa attesa dell'evento.

Il Maestro arrivò e ci fu un'ovazione.

Chi applaudiva, chi guardava con aria trasognata, chi si aspettava chissà quale rivelazione: nulla di che. Il piccolo uomo non fece altro che sedersi al centro, rimanendo immobile. Senza tanti cerimoniali.

Trascorsero i minuti e scoccò la prima ora. Il Maestro ancora non parlava. Un'altra ora di silenzio e già qualcuno degli astanti cominciava a dare segni di insofferenza: alcuni iniziarono ad andarsene, altri a protestare, delusi e insoddisfatti. Il Maestro non insegnava. Non faceva nulla. Seduto nella Posizione del Loto con gli occhi socchiusi, sembrava quasi dormisse. E, dato che dopo altre due ore la musica non cambiò, la sala iniziò a svuotarsi.

Una vera delusione per la maggior parte delle persone.

Più della metà dei partecipanti ormai se ne era andata quando il piccolo uomo sbadigliò: "Spero di non essere arrivato troppo presto." Disse annuendo.

"Anzi, prendiamoci qualche altro minuto di rilassamento e di meditazione, non affrettiamo troppo le cose."

Passò un'altra ora.

Alla fine non rimaneva che uno sparuto gruppetto di persone.

Allora il Maestro riaprì gli occhi e li accarezzò a uno a uno con il suo saggio sguardo: "Ora so a chi posso insegnare." Disse sorridendo affabilmente.

E fu una delle più belle e commoventi lezioni che mai tenne.

III
L'Imperatrice

III
L'Imperatrice

Le fatiche della lotta, del combattere strenuamente per uno scopo, adesso lasciano il posto all'accoglienza. Al sentirsi a casa. Alla gentilezza verso sé stessi.

Eh sì, cara anima viaggiante, è proprio giunto il momento che tu ti riconnetta con questa bellissima energia, la polarità femminile.

Hai combattuto tanto, hai dato tutta te stessa per uno scopo più alto: arrivare sin qui. Ora lascia che l'Imperatrice faccia da tramite tra te e questa energia matura e consapevole.

L'arcano maggiore numero tre è un insieme di forza, eleganza, gentilezza, accoglienza, consapevolezza, fermezza e prosperità.

La sua peculiarità sta nello scettro. La mano non è rigida, né le pesa. È uno strumento di potere che padroneggia, che ha conquistato e che perciò sa gestire. Non ne spreca la magia e nel contempo non se ne lascia dominare.

Le forze ti stanno tornando, il tuo equilibrio ora è più stabile.

L'Energia Femminile è pronta a guarire il tuo Cuore: come si manifesta ai tuoi occhi, che sembianze ha? Un colore, una forma, un angelo? O una donna che conosci?

Comunque sia, lasciala entrare nel tuo Cuore e con la stessa delicatezza con cui terresti tra le tue braccia un bambino appena nato lei lo guarirà.

Concediti solo un po' di riposo affinché tutto il tuo peregrinare alla ricerca del Sé sia assorbito dai tuoi muscoli e dalle tue ossa.

È il momento di prendersi cura di sé stessi.

La Regola del Gioco

Cosa ne dici se oggi anziché parlare di regole
ci apriamo a un consiglio
che nasce dall'Esperienza?
La Regola è fondamentale per crescere
e imparare, i consigli invece si danno agli amici
più cari. E dopo averti visto dare il massimo
in campo, senza risparmiarti e credendo sino
in fondo sia nelle tue capacità che nella squadra,
il tuo allenatore vuole ringraziarti per tutto
il lavoro svolto e la tua tenacia, affidandoti
un compito importantissimo: quello di essere
sempre te stesso. Ora ti sei ritrovato,
sai di poter contare su di te e sulle tue forze;
prendilo come un consiglio spassionato
e amichevole: rimani quello che sei,
così come sei.
Questo non significa chiudere sé stessi
e tutto ciò che si è nel non-cambiamento,
anzi: il suggerimento è proprio che qualsiasi cosa
succeda, sia di bello che di brutto, tu cerchi
di rimanere sempre così, la persona che dopo
tutte le partite che le sono state affidate
è arrivata al successo, con fatica, umiltà
e Ascolto.
Senza risparmiarsi.

Alla Ricerca dell'Amore

Un Cuore cercava l'Amore. Ne aveva sentito talmente tanto parlare che, incuriosito, lo voleva provare. Si ritrovò così a frequentare persone di ogni tipo ma più lo cercava più l'Amore sembrava essere evanescente, un qualcosa che non esiste.

Così un giorno si fermò e si guardò dritto nello specchio: "Che cosa c'è che non va in me?" Si chiese. "Sono forse sbagliato? Perché non sono in grado di trovare l'Amore di cui tutti parlano con tanto ardore?"

Lo specchio non rispose.

Stava lì immobile a osservarsi, quando si accorse di un particolare allarmante: macchie. Tutto il suo corpo ne era pieno. Si strofinò un po' per farle andare via e queste rimanevano: anzi, più cercava di rimuoverle più risaltavano maggiormente.

E, cosa più preoccupante, ognuna di quelle macchie, sia per colore che per forma, rappresentava una persona o un ricordo abbinato a qualcuno.

"Allora è proprio vero." Contestò mesto allo specchio: "Ognuno di loro mi ha ferito così tanto che non sono in grado di Amare. È colpa loro."

E piuttosto intristito si girò facendo per andarsene quando sentì qualcuno prendergli la mano. Al Cuore non sembrò vero, non c'era nessuno fino a un attimo prima.

"Chi sei?" Sbottò stupito.

"Cosa hai imparato?" Si sentì chiedere: era la sua ombra, il suo riflesso nello specchio.

"Che l'Amore non esiste: ho cercato tanto per avere in cambio solo macchie e tanta pena."

"Sei sicuro di aver guardato bene?" Suggerì la sua ombra sorridendo. Il Cuore tornò a esaminarsi e notò una cosa che prima non aveva visto: a guardare bene ogni chiazza aveva la forma di un fiore. E non solo. Tutti i fiori erano così incredibilmente ben disposti nel loro insieme da creare una bellissima composizione, un mosaico, un qualcosa di unico nel suo genere.

"Hai capito adesso?" Tornò a chiedergli nuovamente la sua ombra.

Il Cuore sorrise e se ne andò felice.

Non è tanto l'evento singolo, l'apparenza delle cose a contare, quanto il capolavoro che è la nostra Vita nel suo insieme.

Tutti ci insegnano ad Amare.

Se arriviamo a comprenderlo, tutti ci portano a ritrovare soltanto una cosa: noi stessi.

XVIII
La Luna

XVIII
La Luna

La Luna è una carta notoriamente ambigua: c'è chi dice addirittura porti sfortuna... Amico mio, io non ci credo. Guardiamola assieme. Forse è proprio quello che non si vede ad avere importanza. Se ti ricordi, inizialmente, ho definito questa carta ambigua. Tutti sanno della Luna e della sua faccia nascosta. Allora ti do un consiglio, e credo sia proprio un consiglio prezioso: lascia che l'arcano maggiore numero diciotto svolga il suo compito, che ti doni il suo potere. Nessuna carta è negativa. Anzi. E la malasorte non esiste! Esiste solo l'esperienza e ciò che si attrae e che serve per acquisire consapevolezza e di conseguenza crescere. Uno strumento non accordato, per quanto ci si sia abituati a sentirlo suonare in quel modo è, e rimane pur sempre uno strumento non accordato. Lasciamo allora alla Luna il compito di accordare. Di rivelare. Di portare alla luce.

Ecco svelato il suo dono.

Metterti alla pari con te stesso. Col tuo Ego, col tuo disamore, o essere in disaccordo con te stesso, e lo fa nel migliore dei modi: in silenzio. Con rispetto e delicatezza.

Mostrandoti cosa nascondi nella tua faccia nascosta, i tuoi lati disarmonici. Ciò che è ancora fermo in te e non vibra d'Amore. Mani sul Cuore, un po' di rilassamento, due o tre bei respiri e lasciati guidare a vedere il tuo lato nascosto.

Il Disaccordo.

Visualizza l'altra faccia della Luna, e qualsiasi sia la scena a cui ti trovi davanti, adoperati per far ritornare l'armonia. La pace. A tuo modo. Questo è il momento di elaborare.

Ringrazia la Luna. Non te ne pentirai.

La Regola del Gioco

Il gioco si è fatto duro?
Si è in numero ridotto di giocatori
a causa di un paio di espulsioni? Tutto è saltato,
tutto quello che si è imparato serve a poco
o niente; schemi, tattiche, retroguardia: ormai
si è tutti in avanti in cerca
di quell'unico punto salvifico?
Ciò che conta e che salva la partita
è la voglia di vincere, di mettercela tutta
fino in fondo, di crederci fino all'ultimo secondo.
Il tempo che rimane allo scadere della partita
è sempre una risorsa, e un vero vincitore non si
perde mai d'animo, anzi, cerca di usare tutto
quello che è ancora in sua facoltà
per dare il massimo.
È l'atteggiamento mentale
a fare la differenza, ricordalo.
E solo quando si sentirà l'ultimo fischio
allora sarà tutto finito,
ma fino ad allora...
Gioca!

Sono Solo Ragazzi

"Cara signora, buongiorno!" L'edicolante si sporse allungandole il solito quotidiano: "Tutto bene?"

"Sono un po' indecisa sul formaggio: coi funghi porcini, secondo lei, cosa ci va? Un brie? Un gorgonzola? Non so proprio decidermi."

Un signore elegante che li aveva visti parlare dall'altro lato della strada li raggiunse col fiatone: "Scusate, qualcuno di voi può andare a prendere mia figlia a scuola oggi pomeriggio?"

"Sì, certamente. Eccole il mio numero di cellulare. Mi chiami più tardi così ci organizziamo." Gli sorrise l'edicolante, e portandosi la mano guantata alla tesa del cappello il signore se ne andò ringraziandolo.

"Adesso che ci penso..." Rifletté la signora del formaggio. "Mentre cucino i funghi ci sarebbe anche da andare a ritirare la roba in pulitura: mi scusi!" Gridò ad un'auto che stava arrivando dall'incrocio: "Scusi lei!
"

L'auto si fermò e dal finestrino che si abbassava spuntò una testa riccia: "Sì?"

"Oggi dovrei andare in pulitura a ritirare dei vestiti, ci pensa lei? Ecco il tagliandino."

L'automobilista si mise in tasca il biglietto annuendo gentilmente: "Ok, ci vediamo più tardi." La salutò, e con la promessa che gli sarebbe stata tenuta da parte una bella porzione di funghi ripartì.

L'edicolante stava già servendo un'altra persona quando si sentì un urlo poco più in là: c'era un capannello di persone ferme in mezzo alla strada. Tutti accorsero, anche la signora del formaggio. Con mano tremante una ragazzina stava indicando qualcosa per terra. Si trattava di una cartina di caramella. Gli occhi degli astanti erano scioccati. Poi dai margini del gruppetto si sentì improvvisamente una voce maschile: "È colpa mia! Mi deve essere scivolata di tasca, scusatemi tanto!" Stava gridando un ragazzo sulla ventina mentre accorreva: e arrivato nel punto del misfatto la raccolse immediatamente. Allora, senza pensarci un secondo, tutti si presero per mano formando un cerchio, intonando un ringraziamento profondo a Madre Terra, chiedendo perdono in coro per quel piccolo incidente. Che meraviglia vedere ogni cosa al suo posto. Dalle strade pulite, alle abitazioni in materiale bio-riciclabile, dall'energia ecosostenibile, all'amore incondizionato condiviso dalle persone. Armonia e magnificenza.

Armonia e magnificenz...

"Ok, stop." La proiezione olografica si spense. Nessuno parlò. Kirbis guardò a uno a uno negli occhi i suoi ospiti animato da un'utopica speranza di successo ma il suo sorriso si spense.

"Questa era l'idea originale del progetto..." Intervenne dal fondo della sala una creatura non dissimile a un rospo. "Ora però ci faccia vedere il vero."

Mentre l'astronave proseguiva la sua silenziosa quanto invisibile orbita ellittica intorno alla Luna, la proiezione olografica si riattivò: un mare di plastica a formare un'isola grande quanto un continente nel bel mezzo dell'oceano. Fiumi nero pece. Vapori venefici ogni dove. Risorse planetarie bruciate ed esaurite entro poco, guerra globale imminente... Modo di pensare: totalmente egoico.

"Qui non c'è più niente da fare." Sentenziò il presidente dei valutatori rivolgendosi agli altri. "Siete d'accordo con me? All'interno dell'Armonia Universale l'essere Uomo non è che un errore."

"No no... piano." Farfugliò Kirbis. "Lo stiamo seguendo, senz'altro. Lo abbiamo creato per essere come noi, non manca tanto..."

Tutti i componenti del Consiglio osservarono Kirbis come ad un genitore irresponsabile e incapace di educare il figlio. Lo stesso presidente era a dir poco accigliato. "Vi abbiamo accordato fin troppe dilazioni in passato: non è cambiato niente."

"Vi giuro che non manca molto, senz'altro."

"È l'ultima volta, Anunnaki. L'ultima volta." E sbattendo i poderosi tentacoli sul tavolo in plasma il presidente si alzò per poi allontanarsi senza guardarlo.

"È che è ancora molto giovane. Ha ancora tanto da imparare." Kirbis si scusò mentre la sala si svuotava: "Vi prego, cerchiamo di ripensarci. Sì... il pianeta ormai è ridotto all'osso." Cercò di fermare uno xiliano accarezzandone un'antenna. "Sì... la guerra ormai incombe..." Implorò l'ossibiliano guardandolo nei suoi dodici occhi triangolari. "Ma cosa volete in fondo?" Urlò disperato portandosi le mani alla testa quando ormai la sala era rimasta vuota. "In fondo... in fondo sono solo ragazzi!"

Il Matto

Il Matto

Che carta! Prima di tutto permettimi di farti i complimenti perché non è facile scegliere o arrivare a questo arcano. Mettiamo subito da parte i convenevoli o i convenienti: sì, la follia è parte di ognuno di noi.

Non ci credi?

Prova a pensarci: trovarsi su una palla sospesa nel vuoto, che gira su se stessa per non si sa quale motivo, tenuta legata a un filo sottile e delicatissimo che si chiama forza d'attrazione, a un sole che tra l'altro, tra qualche miliardo di anni, si estinguerà e... non farci nemmeno caso! La spesa, il parcheggio, le tasse: pensare solo a questo.

Non è follia pura?

Il Matto è una carta rigenerante. Sembra impossibile ma lo è. Cosa rigenera?

Con il suo essere fuori dagli schemi (è l'unico arcano che non ha numero) e il suo essere nel contempo una carta che contiene in sé tutte le qualità migliori degli altri arcani, il Matto comunica direttamente con la tua voglia di uscire dall'ordinario e di buttarti nella mischia. La voglia di provare a te stesso che sei vivo. La tua follia è la tua forza. Il tuo non convenzionalismo la tua carta vincente. Ciò che si realizzerà poi sarà solo una questione di ciò che tu e il tuo Ego volete aprire. Metto in campo l'Ego perché è lì che si trova la tua zona d'ombra, l'off limits che senza un pizzico di follia non supereresti mai: la paura.

Ed ecco che il Matto viene in tuo soccorso: una situazione imprevista, un agente esterno che sblocca, barriere che si abbattono, schemi che saltano, una boccata d'aria fuori dalla comfort zone per prendere una stella che mai avresti pensato di raggiungere e portarla nel tuo Qui e Ora.

Apriti. Apri il tuo Non-Essere. Di che colore è la paura? Attraversa questa barriera che prima ti ingabbiava e raggiungi la tua follia creativa. Che forma ha? Come si visualizza di fronte a te? Grazie a essa prendi lo schema nuovo, o meglio, la stella (un tuo sogno personale, un tuo talento) che ti sfuggiva perché tenuta in ombra dalla paura, e portala nella tua Vita o Conscio Attivo chiedendo al Matto di fare un'importante cosa per te: aiutarti a trasformarti. Aiutare la stella a prendere possesso di te, a diventare la tua nuova forma-Vita. Il tuo Amore per la Vita non cambierà, sarà solo un'esistenza diversa, più consapevole, verso il tuo successo personale.

Proprio perché... sei Matto! E la fortuna, si sa, aiuta i più folli prima ancora che gli audaci.

La Regola del Gioco

Poniamo il caso che ti accorgi di essere fuori ruolo. Non tecnicamente, l'allenatore ti ha posizionato per quello che è il tuo solito compito, il migliore per metterti in campo. Eppure oggi non funziona e non ti dai pace. C'è una falla nella difesa avversaria di cui nessuno si accorge, né l'allenatore né i compagni di squadra. Tu solo sai come attraversare quella falla, non certo il tuo compagno a cui è stato affidato lo stesso identico ruolo di sempre; eppure, l'allenatore sembra avere la testa altrove.
Cosa fai?
Decidi di rischiare. Ti porti un po' alla volta fuori dalla tua usuale posizione, dallo schema, ed entri nel ruolo del tuo compagno. Per quanto lo fai lentamente agli altri della tua squadra questa mossa non piace, sembra che vuoi prevaricare, che per noncuranza o negligenza stai facendo saltare l'intera squadra, schema che finora vi ha portato a vittorie e pareggi, quasi mai alla sconfitta.
I tuoi compagni ti sono contro, ti urlano senza tanti fronzoli di stare al tuo posto. Persino l'allenatore si accorge di quello che stai facendo e invita una riserva a fare riscaldamento, con l'intento di metterti fuori. Tuttavia quello che solo tu avevi visto si avvera: un rimbalzo, una palla finita proprio nella falla avversaria; prendi la rincorsa, schivi quel poco che c'è da schivare, visto che la difesa avversaria in quell'area è inesistente, e tiri in porta. Una bella palla goal che si va subito a insaccare, prendendo alla sprovvista persino il portiere. Non diresti che tenere duro a volte ripaga?

Bene. Perché più che una regola questa è una morale: non saprai mai se l'allenatore lo aveva fatto apposta per mettere te e la squadra alla prova. E non aspettarti grandi complimenti da chi nello schema c'è rimasto fino alla fine. Ma sii felice di te stesso. Perché arriva sempre un momento in cui la Vita ci pone nella condizione di dover liberarci dai vecchi schemi. E tenere duro ripaga. Sempre.

Fiabe Arcane

C'era una volta una principessa. Non una principessa delle fiabe qualsiasi, una principessa in carne e ossa. Il suo nome era Giulia. Due occhi grandi e azzurri, i capelli biondissimi e mossi e un grande talento naturale per essere speciale. Sì, tutte le principesse lo sono. Ma lei brillava. Non avresti potuto definire cosa la rendesse così particolare perché era ancora piccola. Eppure lo si avvertiva. Suonava il piano, le piaceva la musica, e quando ci incontravamo a casa di sua zia, una cara amica della ragazza che frequentavo, si illuminava perché sapeva della mia vita in musica. Poi le morose cambiano, i tempi passano, le vite proseguono: non l'ho più vista.

Finché, seduto al tavolino di un bar in una piazza centrale della mia città, un paio di anni fa mi accorsi di lei.

Non era sola, era in compagnia della sorella e di un'amica, qualche tavolino più in là. Era cresciuta. Una ragazza ormai, con tutti i crismi necessari a definirla tale. Ci siamo salutati di sfuggita; io seppur preso dalla mia compagnia femminile e dai suoi mille scanzonatissimi selfie assieme a me feci per alzarmi ma lei si girò. Forse doveva farsi vedere donna e gli *anziani* amici di sua zia avrebbero potuto minare la sua reputazione. Mi dispiacque non salutarla, o almeno, che non fosse venuta poi a scambiare due parole. Credevo, musicalmente parlando, di aver lasciato un piccolo segno. Forse, mettiamola così, non voleva disturbare la mia effervescente compagnia. Era diventata una ragazza bellissima. I capelli però... se li tingeva di nero. E non so perché ma feci questa considerazione: sembrava un angelo assopito. Non brillava. Non ci pensai più. Le principesse, in fondo, a volte si addormentano. Cercano il loro principe anche dormendo dentro a un castello.

Qualche giorno fa ho fatto un sogno. Ero in compagnia di sua zia, parlavamo. Una persona che non frequento da anni e che mi compare in sogno in qualche modo mi mette sempre una strana sensazione. Incuriosito perciò cercai in maniera discreta attraverso un social: la zia stava bene, figli e marito compresi. Feci per chiudere la pagina, comparve lei. Tra le sue amicizie. Sembrava in pace. Rispetto a un paio di anni prima emanava una luce serena. Soprattutto gli occhi. Pensai che fosse riuscita a rimettere ordine, che finalmente ce l'avesse fatta. Sapevo di trascorsi tra alti e bassi piuttosto bassi, ed ero felice per lei. Mi accorsi però di qualcos'altro. Più in basso c'era un post datato di suo fratello.

Ringraziava i presenti. I brani che era sicuro che a sua sorella, la principessa, sarebbero piaciuti e che quindi aveva scelto come ultimo accompagnamento. Chi voleva poteva scaricarli. Il dito fermo a mezz'asta sul mouse guardai meglio. Non capivo, non ci credevo: la principessa si era addormentata, lo aveva fatto veramente. E io lì, circa un anno dopo, a rimandare a mente tutte le volte che l'avevo vista crescere e brillare. E poi quell'unica volta che non brillava più. Il dolore era stato più forte. Aveva scelto per lei. Una ragazza fuori dal comune, speciale da ogni punto di vista. Bellezza, talento... ispirava già solo a uno sguardo. Rimasi così per un giorno intero. Con quel dito a mezz'asta fermo sul mouse. Andai a fare la spesa ma il mio dito era sempre lì. Andai a lavoro, parlai al telefono del più e del meno. Il mio dito non si staccava. Perché me lo hai voluto comunicare? Pensai. Perché adesso, dopo un anno, quando in fondo nella bellezza della tua giovane età non mi hai nemmeno lasciato salutarti, e da quel tavolino non ti sei neanche alzata? Lo capii esattamente il giorno dopo. Per tutta una serie di coincidenze, molte delle quali legate a questo libro, un'etichetta discografica voleva pubblicare qualcuno dei miei brani incisi. Piacevano.

Interessanti, originali. Sound giusto. Lo sapevo, l'ho sempre saputo. Ma c'era un però. Un amico che non vedevo da anni. Più di un lustro. Avevamo rotto. Ci eravamo separati. Non solo affettivamente. Centinaia e centinaia di chilometri ormai tra una città e l'altra. Riprendere in mano la musica significava passare anche attraverso di lui. La rabbia mi avrebbe fatto deviare, lasciar perdere. Orgogliosamente avrei rifiutato piuttosto che cercare di ricontattare, rimettere in ballo, ricondividere. Ma non quel giorno. La vita è troppo preziosa per non godersela, per non brillare, mi dissi pensando alla mia principessa. Cercai il nuovo numero dell'amico e presi in mano il telefono. La vita, la musica, mi stava chiamando. Non sapevo perché, tuttavia era più forte di me. Non lo trovai subito, mi richiamò: "Ciao, ma sei proprio tu?" Mi disse stupito: "È da un mese che ti stavo pensando... la musica, i vecchi tempi. Ah, ho visto il tuo libro, *Circles*, complimenti!"

Abbiamo parlato per più di un'ora del più e del meno come se niente fosse. Ed ora, come la musica, è di nuovo parte di me, della mia Vita. Lo devo a una principessa che nel suo sonno di pace, discretamente, senza farsi riconoscere, in sogno è venuta a bussare alla mia porta. Non si era alzata dal tavolino quel giorno, mi ha salutato adesso. "Fai il bravo, vivi la tua vita al meglio che puoi, goditela."

Brilla.

VIII
La Giustizia

VIII
La Giustizia

Che carta tenebrosa. C'è qualcosa che non va? Prima di rispondermi, e risponderti, con le solite cose (i soldi, i figli, la famiglia, il lavoro, l'amico, la fidanzata, quella partita...), fa' un bel respiro, mettiti comodo e guardami.

Lo vedi il sorriso con cui ti sto parlando? Nulla di che, sai. Non è un sorriso di scherno, né un giudizio. Solo che..., beh, è ora che respiri, ti dai un bel calm down seduto in poltrona, magari con una bella lampada accesa con un colore caldo e confortevole accanto e mi dici cosa c'è che non va.

Il tuo Giudizio è palpabile. Non coinvolge gli altri, nel senso che non è un malanno esterno che ti arriva da chissà dove, e questa è già una fortuna. Però coinvolge te personalmente. E questo significa che è da tanto che ci giri attorno e che ci vai a nozze, così tanto che nemmeno ci crederesti.

Allora, un bel respiro e mettiti il cuore in pace.

Perché se sei qui significa che sei stanco di fare del male a te stesso e agli altri attraverso il tuo autogiudizio, perciò adesso ci giochiamo e lo trasformiamo.

Innanzitutto visualizzati prendere il giudizio o autogiudizio con le mani, ovunque sia cristallizzato (osserva, in visualizzazione, Mente, Corpo e Anima) e con un'abile mossa da matador fallo scivolare via. Qualsiasi sia il modo con cui questa forza energetica che ti ha condizionato fino a sfinirti decide di andarsene, tu saluta e ringrazia.

Non solo. Adesso prendi l'arcano della Giustizia, oppure appoggia le mani sull'illustrazione qui a fianco.

Sai, è strano perché tutti vorrebbero più giustizia su questo pianeta eppure nessuno vuole averci a che fare. Però tu sei diverso, sai che stai lavorando con te stesso e che non c'è nulla da temere, anzi, solo da liberare. Perciò disegna su questa carta, con un dito o in visualizzazione, un bel cuore: qualunque sia il motivo che ci ha spinto a incontrarci in questa pagina, svanirà.

E ti ringrazio mia cara Anima amica, perché anche grazie a te oggi, adesso, sono una persona migliore.

La Regola del Gioco

Immagina di entrare in un campo da gioco
in cui non c'è nessuno a guardarti:
come ci si sente nell'essere sgravati dall'altrui
giudizio? Adesso immagina di essere in procinto di
giocare di fronte a una moltitudine di spettatori:
chi fischia, chi urla, e tu lì pronto a entrare;
qual è la differenza?
Se dentro di te sei mosso dal gioco, dalla bellezza
del prendere parte alla partita, comunque andrà
sarà sempre un qualcosa di positivo, perché stai
facendo quello che ami e perché sicuramente
non solo imparerai qualcosa di nuovo, su di te
e sul gioco, ma anche, e oltretutto, sai di stare
condividendo un gioco di squadra che potrà anche
essere di ispirazione a qualcun altro.
Perciò la paura di fallire non dovrebbe esserci,
bensì pura libertà mentale. Quindi, almeno cinque
minuti prima che la partita abbia inizio centrati,
respirando e sgomberando la mente.
Tutto è una splendida compartecipazione tra te,
i tuoi compagni, i tuoi avversari, gli spettatori
e tutte le persone presenti.
Calma il cuore.
Collega la mente.
I piedi sanno già dove andare e cosa fare.

L'Universo e il Cagnolino

La favola di oggi ha tre finali. Dipingiamo la scena. Una strada di città, nel bel mezzo di un quartiere pittoresco. È la via dei negozi e delle botteghe. Tutto è al suo posto, ordinato, colorato, luminoso. Una ragazza cammina tranquilla sul marciapiede. Un sorriso di buonumore a fior di labbra, i capelli graziosamente raccolti a coda di cavallo, indossa dei vestiti a metà tra il vezzoso e l'acqua e sapone: eh sì, hai capito bene, come in ogni favola che si rispetti la protagonista è davvero carina. Non si sa dove stia andando né altro. Il suo nome, per esempio, né se debba incontrarsi o meno con qualcuno. Sappiamo però che è single e anche che lo è da un bel po'. All'improvviso da un negozio sbuca fuori un ragazzo. Ha l'aria di essere un solitario, un tipo un po' introverso, ma, come tutte le persone sensibili, anche dal cuore d'oro. Regge in mano diversi pacchi che gli impediscono la visuale.

Finale numero uno: incuriosita dal ragazzo e da tutti quei pacchi la ragazza si distrae e inciampa, cadendo a terra. Lui se ne accorge e la aiuta a rialzarsi. Vedrai che adesso si scambiano uno sguardo, si innamorano, e staranno assieme per tutta la vita, saremmo portati a pensare. E invece no, lui la sorregge, le chiede se è tutto a posto, e, a un cenno affermativo di lei, i due si salutano e ognuno si incammina per la sua strada.

Finale numero due: stessa scena, solo che a inciampare questa volta è lui: "Hey tutto ok?" La ragazza sorridendo gli tende la mano.

Lui si vergogna, è timido, si rialza con gli occhi bassi e raccolti in fretta i suoi pacchi se ne va via bofonchiando.

C'è qualcosa che non va, non è così? Ti sento pensarlo da migliaia di miglia di distanza: perché non succede qualcosa al di là dell'incontro? Perché finisce sempre così?

Va bene, allora adesso aggiungiamo un piccolo dettaglio. La ragazza sta portando a passeggio il suo cagnolino. Non ci interessa la razza, diciamo solo che è di media taglia. A un certo punto, qualsiasi sia il finale, il cane le si svincola di mano e torna indietro incontro al ragazzo, facendolo inciampare (una seconda volta, nel caso del finale numero due). Le probabilità che ora i due si parlino sono molto più alte, non trovi? E infatti... da cosa nasce cosa e un semplice incontro fortuito si trasformerà presto in qualcosa di più. Meglio?

Bene. Perché il messaggio non è questo. O meglio, sì, la possiamo concludere così, ma... hai notato come sia più semplice mutare l'ordine delle cose da un punto di vista più consapevole? Da buon ascoltatore l'Universo sa cosa serve veramente. È super intelligente ed è una fonte perenne di equilibrio e armonia.

Inserire un dettaglio, un bel cagnolino che faccia da punto di unione tra due linee che sembravano non incontrarsi mai? Lasciamolo fare all'Universo.

Senza giudizio o aspettativa.

Siamo più che seguiti e accompagnati da questa forza che si chiama Amore Universale.

Possiamo fidarci.

VII
Il Carro

VII
Il Carro

La schiettezza con cui l'arcano maggiore numero sette ti parla e ti appare non è un caso; è ora di fare una buona valutazione dei tuoi passi, del cammino fatto finora. Del tuo carro.

E per farlo ciò che serve è innanzitutto un atteggiamento positivo perché si tratta di armarsi di pazienza e fare una cernita. Ascoltati e ascolta il tuo Cuore: da che parte vuoi stare? Dalla parte del vincitore, di chi ritiene la vita una fortuna che merita di essere spesa e vissuta, o da quella di chi tende a vedere nero, si lamenta in continuazione, non gli basta mai nulla e che per questo non vive sereno? Quante cose buone e positive in pratica ritieni di aver compiuto: sei soddisfatto di ciò con cui hai riempito la tua Vita?

Tutto qui.

Sappi che c'è di che essere fieri a essere arrivati sin qui e anche se hai dovuto mettere qualche toppa, una ruota è stata aggiustata, e un temporalone ti aveva quasi fatto ribaltare e chissà che altro potrebbe ancora rompersi, lui, Il Carro, di suo va, funziona, carica e scarica, prosegue spedito lungo il cammino della tua strada.

L'importante perciò è vedere come stai tu.

Allora, fa' un bel respiro e visualizza il carico nel Carro: ti è di peso? O vorresti di più? Guarda bene come sta il tuo Cuore nei confronti di questa parola: carico. Si illumina? È soddisfatto? O sente che c'è un qualcosa che è ora di lasciare andare o di apportare?

E ti prego di non focalizzarti su un'eventuale persona che ti blocca: non è vero. C'è sempre un messaggio nascosto, un archetipo o uno specchio. Perciò togli il velo, apri l'illusione dell'Ego, allontana quel blocco o persona dal Carro e guarda cosa ti stava comunicando realmente, quale messaggio su di te non ascoltavi rallentando così il riempimento del tuo carro e il tuo percorso.

Ora fa' un altro bel respiro e apriti alla Luce del Tutto. Saprà inviarti ciò che serve per sbloccarti.

Se invece lo vedi strapieno di cose inutili è la stessa cosa: scaricalo e puliscilo.

Qualcosa o qualcuno ti impedisce di scaricarlo?

Agisci di conseguenza, apri il tuo Cuore alla Luce dell'Universo e tutto ti sarà dato. Arriverà la soluzione che ti serve.

Buona fortuna e buon viaggio!

La Regola del Gioco

Nessuno lo vorrebbe, eppure prima o poi ci capita: stare in panchina. Volendo se ne potrebbe parlare come di una semplice lezione, di un avere o apprendere una visione di gioco più ampia; un altro punto di vista che passa dall'imparare a interagire umilmente con i compagni e con il gioco anche senza partecipare fisicamente. Tuttavia, credo che lo stare e l'accettare di essere in panchina sia, da un certo punto di vista, anche una valida metafora della Vita.

Quando sei sulla strada del tuo Sogno prima o poi avviene un cambiamento: inizi a pensare più in grande, a dare fondo a risorse che non credevi di avere, a motivare te stesso. A mano a mano che inizi a scoprire chi sei, riesci a vedere tutto il potenziale che puoi esercitare nella tua Vita.

Ma questo solo se non scappi.

Evitare le difficoltà è facile, e rifuggire il dolore o situazioni anche solo apparentemente penose lo è ancora di più.

Ma ciò che fa la differenza nella Vita è avere una Visione. Trasformare il proprio sogno in obiettivo infatti significa permettere a noi stessi di sopportare e imparare il meglio anche dalle circostanze più pesanti: far sì che tramite ciò che ci dà forza nel Cuore tutto venga convertito e direzionato verso quel vertice. La nostra meta.

E allora realizzerai che arrabbiarsi, prendere scorciatoie o comportarsi con arroganza non sarebbe servito a niente. Perché per riuscirci dovevi proprio passare di lì.

Anche dalla panchina. ;-)

Il Pescatore e il Marinaio

L'anziano marinaio se ne stava spesso seduto sul molo. La pipa obliqua in bocca, gli occhi come due fessure, non pareva nell'attesa di qualcuno, né che rimpiangesse qualcosa. Se ne stava lì, assorto. Rughe secolari celate dalle volute fumose. Un giorno gli si avvicinò un uomo. Si trattava di un pescatore. Sin da quando aveva iniziato a camminare aveva trascorso la maggior parte della sua vita più tra le onde del mare che sulla terraferma e il taglio amaro che spiccava agli angoli delle sue labbra ne rivelava lo stato d'animo. Il mare è una brutta bestia, imprecava sempre. Non sai mai cosa aspettarti: ti darà pesce? Il tempo sarà buono? Troverò ancora una moglie quando tornerò a casa? Tutte domande che avevano segnato inesorabilmente lo scorrere dei suoi giorni: il pesce non era mai abbastanza. Il mare cambiava umore a ogni piè sospinto e la moglie lo aveva lasciato. Sedutosi accanto all'anziano il pescatore rimase in silenzio, limitandosi ad ascoltare il respiro rauco del vecchio, mentre una risacca gentile faceva loro quieta compagnia, come un nemico attempato ormai stanco di battagliare.

"Cosa ci trovi?" Sbottò alla fine. "Cos'è che ti fa star qui ogni giorno a guardare questa brutta bestia?" E osservandosi le mani quasi gli venne da piangere: il sale e il sole, le gomene e le reti... ormai non erano che dei duri pezzi di cuoio pieni di cicatrici a cui il tocco della morbida pelle di una donna pareva negato per sempre. "Ascolta." Gli rispose il vecchio. "Stai un po' qui e ascolta." Il tempo passò ma non accadde nulla di particolare. "Vecchio, mi vuoi dire qualcosa o no?" Rintuzzò il pescatore. E mosso il braccio destro fece schioccare la spalla. Vita di mare: quante botte aveva preso in vita sua. Così tante che il suo corpo non era che un fiorire continuo di nuovi acciacchi. Nemmeno a frequentare assiduamente le bische clandestine nei porti più malfamati ci si sarebbe potuti ridurre così. "Ascolta." Gli ripeté l'anziano marinaio con voce pacata. "Ascolta e basta."

Spazientito, piuttosto che infuriarsi alla fine il pescatore preferì alzarsi e andarsene, sbattendosi via la polvere di dosso.

Qualche mese più tardi però tornò sul molo. Il cuore gonfio, gli occhi freschi di pianto: era venuto a salutare il vecchio marinaio. Se ne era andato nel sonno. Per dire addio a quel buon uomo aveva sentito il bisogno di ritornare in quel luogo, il ricordo di loro due seduti in silenzio uno a fianco all'altro, un qualcosa che in qualche modo avevano condiviso.

"Sai vecchio..." Disse sospirando, lo sguardo abbandonato nel volare solitario di un gabbiano all'orizzonte. "Io sento solo una cosa. Il dolore. Il dolore di tutto ciò che il mare si prende e non ti restituisce più. La salute, la tua vita, tua moglie. Ti ruba tutto. E non diventi che l'ombra di te stesso."

Si alzò una brezza leggera e quasi gli sembrò, anzi ne fu certo, che qualcuno gli stesse parlando. Di non essere solo. Di non esserlo mai stato.

"Ascolta." Sentì una voce familiare ripetergli. "Ascolta e basta." E finalmente il pescatore si mise il cuore in pace. Non c'è un modo giusto o sbagliato di essere, realizzò in quel momento. Né uno giusto o sbagliato di nascere. È la vita. E lui era nato per fare il pescatore. Ma se poteva dire di aver realmente vissuto era solo grazie al mare. Come il marinaio. Adesso finalmente capiva cosa provava: gratitudine. E girando la testa si accorse che a pochi metri da lui si era seduta una donna. Era la cuoca di una delle trattorie che lui riforniva. Una donna gentile. Si sorrisero.

IV
L'Imperatore

IV
L'Imperatore

Se L'Imperatrice ha come riferimento l'Energia Femminile, allora vuol dire che L'Imperatore...

Ma andiamo per gradi.

L'Imperatore è una carta mistica. Che cosa significa? Guardala bene. Prima di tutto che cosa noti? Io ad esempio ci vedo volontà e capacità realizzativa, concretezza e fierezza.

Che l'ottenimento di un solo risultato possa bastare è fuori discussione. La mano che impugna lo scettro dà l'idea della prontezza al movimento, non è rigida. Come non è rigido il corpo del nostro Imperatore. È come impaziente di muoversi, di concretizzare tutto ciò che desidera. E l'aver raggiunto il suo status, il suo ruolo/compito, non è altro che l'inizio. La legittimazione per spaziare e realizzare. Lo vedi? Ambisce a una direzione. Lo devi aiutare ad andare oltre. A continuare a realizzare e realizzarsi.

Facciamo così.

1) Poni la mente in stato di gratitudine. Pensa cioè a una cosa bella che ti dà positività e ti fa stare bene (io ad esempio penso al mio gatto, al sorriso che riesce sempre a tirarmi fuori).

2) Quando ti sei rilassato guarda come sta il tuo Io Bambino, perché senza il suo essere felice e voglioso di giocare non si va da nessuna parte (in poche parole mettilo a suo agio).

3) Visualizza l'Energia Maschile: come ti appare? Può essere che il primo riferimento sia tuo padre perciò, anche se è normale che sia così, accantonalo, ossia, accompagnalo fuori dalla tua visuale e rimani con la sensazione del

Maschile. Hai capito bene: si tratta proprio di lavorare con l'Archetipo.

C'è una qualche cristallizzazione? Un blocco che non consente una connessione completa? E a che livello: mentale, animico o di cuore?

Impara a non ambire a essere perfetto agli occhi degli arti, ambisci a essere te stesso.

Perciò, se questa cristallizzazione ha a che vedere con questo, la differenza, in visualizzazione, tra ciò che vorresti essere e ciò che sei veramente, adoperati a cancellare quell'inutile ologramma.

Ora puoi semplicemente rimuovere il blocco oppure andare più a fondo e cercare cosa significhi in quella posizione. Dopodiché però, dopo aver ricreato un contatto pieno con il Maschile, visualizza un foglio bianco e chiedi all'Universo di disegnare con un raggio di Luce, ciò che realmente ti serve per continuare a realizzare e a concretizzare. L'importante è mettere a fianco all'arcano maggiore numero quattro quanto si è disegnato. Mi spiego meglio. Poni il tutto a fianco dello sguardo dell'Imperatore, come se fosse una seconda carta, e cioè che il disegno e la carta dell'Imperatore vadano a formare un unico puzzle di due pezzi. Ora visualizza l'unione delle due carte, il fondersi dei confini.

L'Imperatore con maestà ed eleganza entra nel disegno che l'Universo ha preparato e lo tocca con lo scettro: "Va', realizzati!" È il suo ordine.

Fai un bel inchino di ringraziamento all'Imperatore: presto riceverai conferme.

La Regola del Gioco

La regola di oggi è: nessuna regola.
Entra in campo come se fòsse una pagina bianca
ancora da scrivere e sii te stesso la tua Ispirazione.
Ci vediamo in spogliatoio, lì mi dirai
come è andata.

La Favola del Buon Mattino

Te ne ho mai parlato? Questa favola mi piace talmente tanto che a volte addirittura me la racconto da solo. Perciò, se per caso te l'ho già raccontata, porta pazienza, può darsi che anche tu avessi bisogno di ascoltarla un'altra volta.

Per oggi farò un piccolo strappo alla regola. La favola di oggi infatti inizia con un bel: c'era un domani.

C'era un domani fatto di mille sogni realizzati, di felicità e amore. Tuttavia non arrivava mai. Era sempre lì lì per avverarsi ma poi qualcosa, irrimediabilmente, faceva sì che l'oggi non diventasse mai quel domani.

"Ti sei chiesto il perché?" Domandò il Futuro al buon Dio il Creatore giunto fin lì per chiedergli lumi. "Tu sai tutto, fai sempre tutto, eppure i tuoi sogni si perdono via."

"Non lo capisco proprio." Gli rispose Dio. "Sono Dio, posso realizzare tutto quello che voglio: perché tutti i sogni che faccio per il domani poco prima di andare a dormire quando poi mi sveglio non si realizzano mai? E comunque stai molto attento a come ti rivolgi a me, non vorrai permetterti di giudicarmi, vero?"

"Non sono un giudice, ho soltanto un buon consiglio per te. Quando ti sveglierai il prossimo mattino pensa: ah, il mio domani è proprio bello!"

Il giorno dopo il Creatore tornò dal Futuro con un gran mal di testa: "Non è successo niente, ho solamente ottenuto una forte emicrania. Mi stai prendendo in giro?"

"No, affatto. A prenderti in giro ci pensi già tu da solo. Facciamo così, domani, quando ti alzi, pensa: oh, com'è meraviglioso il mio domani!"

A dirla tutta Dio quella notte ci mise un bel po' ad addormentarsi, furente com'era per l'irriverenza delle parole rivoltegli dal Futuro, ma alla fine, pensando a tutti i sogni che voleva realizzare scivolò in un sonno infinitamente piacevole.

"Eccoti finalmente, allora, vuoi un altro buon consiglio per domani?" Gli sorrise il Futuro quando lo vide arrivare sofferente e tutto scuro in volto.

"Adesso basta! Mi hai proprio stancato. Adesso Io ti..." Ma prima di far sparire per sempre il Futuro, Dio ci ripensò e lo osservò con molta più attenzione; come e dove viveva, il suo esilio dovuto al suo essere così irraggiungibile per tutti, il suo isolamento. Il Futuro era proprio come quel domani che non arrivava mai. Nessuno era mai riuscito a riportarlo al presente, nemmeno Dio in persona, appunto. Ci voleva qualcosa di non ancora tentato. Un raccordo tra due binari che ancora non si incontravano. E riflettendoci meglio capì tutto.

"Facciamo così." Gli disse sedendoglisi tranquillamente di fronte. "Io ti svelerò un mio piccolo segreto se tu mi farai la cortesia di farmi un favore. Il favore che vorrei da te però è molto importante, te la senti?"

"Certo. Non si rifiuta mai un favore a un amico, dimmi."

"Il segreto è che... Io... sono stufo di essere solo. Se davvero potessi realizzare il mio domani la prima cosa che farei sarebbe togliermi questo velo di solitudine di dosso e chiederei di avere almeno un amico con cui parlare. Anche solo dieci minuti al giorno, al mattino presto. Ogni giorno... Magari con una scusa non proprio sincera... Ma giusto per stare assieme." Gli sorrise.

"E il favore?"

"Te lo chiederò quando ci rivedremo fra un paio di mesi, a questa stessa ora."

E quando fece per alzarsi e andarsene il Futuro lo fermò: "Due mesi? E perché non oggi?"

Già, caro lettore, sono d'accordo con te: viene proprio da chiedersi perché a volte non osserviamo meglio le cose. Le risposte sono già tutte lì che attendono. ;-)

Una Risposta

Mi accorgo ora, caro lettore, di doverti una risposta. Se mi hai seguito fin qui, se si prende questo libro dall'inizio in maniera sequenziale, dalla Morte, la trasformazione per eccellenza, alla conclusione con L'Imperatore, concretezza e realizzazione, il percorso fatto finora dice già molto. Non ho mentito sai, non ho edulcorato o scambiato le pagine: questo è il vero puzzle che si è andato a comporre a mano a mano che ho iniziato questo intenso dialogo con gli arcani maggiori. Più o meno una volta al mese arrivava una determinata carta e poi la lasciavo lavorare con me, senza fretta o smania di scoprirne altre. Hai preso nota anche tu di come si è sviluppato il tuo percorso? Di come siano apparsi uno alla volta nel loro insieme i ventidue arcani? Comunque, se sei anche tu come me un tipo un po' curioso e sei alla ricerca di una risposta non solo arcana, allora per te ho delle parole speciali: *Prayer for a Friend*.

Riavvolgiamo il nastro, indietro nel tempo, giusto appena quel po', quel tanto che basta per ritornare alla sensazione. I ricordi si perdono, diventano nebulosi, e prendere certe vie giù nel passato diventa ardimentoso.

Avevo circa vent'anni, la voglia musicale era enorme, nel cuore come nell'anima. Emergere, essere qualcuno, con le mie parole, la mia espressione musicale. C'era un compagno di squadra con me, un caro amico, la stessa vocazione, la stessa motivazione: la musica come strumento di Luce, un faro nella nebbia. C'eravamo già persi e ritrovati diverse volte: la musica, la vocazione, tuttavia univa. Anime gemelle? Può darsi. Il mio stesso nome, da adolescenti vivevamo entrambi al quinto piano di un palazzone a cento metri di distanza l'uno dall'altro, e suo padre si chiama proprio come il mio. Chiamiamole coincidenze.

Ho imparato a suonare da solo. La musica per me è sempre stata salvifica e ho sempre nutrito nel cuore un grande senso di gratitudine verso tutti i musicisti che hanno fatto parte della mia vita, per il loro aiuto fondamentale nell'accompagnarmi di tappa in tappa, nella gioia e, soprattutto, nel buio del dolore.

E fare altrettanto, nel mio piccolo, senza aspettative, senza pretendere di avere le loro stesse capacità ma tanta voglia di ricambiare e condividere un qualcosa che essendomi stato d'aiuto magari poteva esserlo anche per qualcun altro, dopo aver preso in mano la mia prima chitarra, e aver scoperto di non essere soltanto portato a ripetere quanto anche a visualizzare e comporre, è stato spontaneo. Niente di che sai, mai detto di essere Rachmaninov... soltanto che sin da bambino ogni nota musicale, ogni brano, ogni inflessione vocale, è corrisposta a un colore. Per esempio, la versione in vinile di *Nowhere Man* dei Beatles emana un tale calore da averla sempre visualizzata e percepita con un bel rosso acceso. Per non parlare dei brani degli ACDC cantati da Bon Scott. E trovato un riff di chitarra ho sviluppato la capacità di sentire cosa gli strumenti, un insieme di strumenti e di colori, avrebbe potuto essere, dialogare, architettare.

Non prenderlo come un qualcosa di eccessivamente serioso; le canzoni, i brani, gli accordi, venivano da soli per quello che erano. Per cui, dopo aver ritrovato Massimiliano e aver scoperto che i nostri due talenti, o vocazioni, si integravano davvero bene, vista l'amicizia che ci legava, decidere di andare in studio e provare la strada è un qualcosa che si è manifestato da sé. Se ci penso adesso un po' ne sorrido. Registrare qualcosa di proprio e provare a spedirlo a case discografiche o etichette indipendenti: quanti musicisti sono passati di lì? Praticamente tutti, anche i più grandi. Kurt Cobain, ad esempio, spediva scatole e scatole con dentro nastri registrati, formiche di plastica e preservativi... Comunque il passaggio era quello. Provare e provare e poi incidere.

Di batteristi neanche l'ombra, bassisti men che meno. Diciamo che se la tiravano, soprattutto i batteristi, perché volevano fare quello che avevano imparato, senza Ascoltare. Tecnica in ripetere e basta. Può sembrare che fossimo troppo esigenti, in realtà ci è sempre stato chiaro ed evidente, che è la Musica a parlare. Bisogna ascoltare, sentire cosa dice un brano, cosa vuole, o la vai solo a limitare. E poi di batteristi e bassisti disposti a fare musica propria e non cover non ne esistevano. Perciò con me alla batteria e lui alla chitarra di accompagnamento e voce provavamo. La batteria è fondamentale, lo è sempre stata. Dà l'input, il feeling al brano. Ho imparato anche lì da autodidatta, ascoltando, estrapolando cosa facevano i miei batteristi preferiti, quelli che per me era spontaneo imitare muovendo e agitando le braccia e le mani in aria per seguirli. Un pezzo alla volta ho capito cos'è la cassa, cos'è un rullante, il charleston e come andavano suonati i piatti. Mai detto comunque di essere John Bonham, mi raccomando... Avevamo in repertorio già tre o quattro canzoni. Oltre alla batteria avevo pronte linee di basso e di chitarra solista, gli intrecci, quando un bel giorno Massimiliano mi dà una delle sue tante cassette. Mentre di base io impugnavo la chitarra alla ricerca di un accordo, dell'Accordo, su cui poi costruire e imbastirci su voce, parole e musica, lui a tarda notte prendeva registratore e chitarra e cominciava a suonare a caso, fischiettandoci o intonandoci su cantilene senza parole, col senno di poi direi quasi in maniera sciamanica, e poi mi passava le registrazioni. Probabilmente, questo tipo di procedura creativa l'avrei apprezzata molto di più oggi, tuttavia a un certo punto, nell'unico angolo di tempo che avevo libero, mentre riascoltavo quel nastro motivato dalla voglia di trovare qualcosa di interessante da integrare o sviluppare, estrapolai da una lunga fila di improvvisazioni, tre parti accattivanti della durata di pochi secondi l'una. Erano fischiettate ma mi fecero davvero vedere le stelle. Il potenziale. Una era perfetta come ritornello, l'altra come ritornello in evoluzione, e la terza come andamento base. Gliene parlai e iniziammo a costruire la song pezzo a pezzo, insieme. E la melodia che ne venne fuori mi catalizzò completamente. Era bella, incisiva, mi e ci rispecchiava tantissimo, tant'è che mentre me la ripetevo e riarrangiavo in testa, ebbi l'ispirazione per un altro pezzo, un arpeggio di chitarra che poi avrei sviluppato assieme al resto come finale di due/tre minuti da incollare alla fine. A Massimiliano piacque tantissimo. La song era epica: una suite di oltre otto minuti tra cambi di sonorità e strumenti. E dire che non avevamo mai inciso una demo in studio prima. Eh sì, eravamo molto ambiziosi. O forse più che altro determinati, grazie anche a quanto ascoltato e imparato, a seguire noi stessi. Un po' alla volta il brano è venuto fuori, come una scultura dal marmo, così, quando abbiamo iniziato a sentirci soddisfatti della parte strumentale, ci siamo seduti al tavolo della mia cucina e abbiamo incominciato a buttare giù le parole, imitando con una certa fierezza John Lydon quando tirò fuori *God Save the Queen* dal suo cappello magico.

Lo stile Pink Floyd come andamento non ripetitivo ma anzi in sviluppo, l'orecchiabilità Beatlesiana e, chissà perché, sonorità orientaleggianti. Lovecraft era una delle mie letture preferite in quel periodo e un racconto su tutti, *La Chiave d'Argento*, mi aveva davvero colpito. Perciò prendendo spunto per il testo e unendo insieme le nostre filosofie di vita, il titolo, parlando di amicizia, non poteva che essere uno: *Prayer for a Friend*. Adesso, autoproducendoci, dovevamo inciderla.

***

Maurizio era... grigio. Occhi grigi. Capelli grigi. Baffi grigi. Pigiama... grigio. Chi è Maurizio? È il proprietario dello studio di registrazione che grazie al passaparola Massimiliano fece saltar fuori. Me lo descrisse come una persona a modo e, soprattutto, con un sacco di esperienza. Per sopraggiunto scazzo e voglia di dedicarsi ad altro aveva da poco messo in vendita lo studio; grazie a veri e propri assalti a suon di filosofia musicale e alla buona impressione che il mio socio gli aveva fatto, avrebbe riaperto soltanto per noi.

Non stavo. Nella. Pelle.

Visita conoscitiva. Oltre a Maurizio anche lo studio era, indoviniamolo assieme: grigio. Appena entrati l'ambiente era buio e spoglio, attrezzi da lavoro erano addossati al muro di ingresso. C'era una sensazione di chiuso e di glaciale lì dentro che andava ben oltre il freddo percepibile a pelle. La batteria era in fondo, addossata alla parete. E, a parte la vetrata che dava sulla stanzina-regia e a qualche sporadico pannello in gomma piuma incollato alle pareti, che si trattasse di uno studio di registrazione non lo avrei neanche mai lontanamente ipotizzato. O almeno per come me l'ero aspettato.

Per darmi coraggio mi dissi che in fondo probabilmente anche con Bleach doveva essere andata così. E poi per me non è mai contata l'apparenza delle cose quanto la sostanza.

Avevo nel cuore un desiderio, il sogno di diventare musicista, tanto bastava per cercare di trarre il massimo dalla situazione. Suonare la batteria comunque era la parte più ostica. Sarei riuscito a fare tutta la suite di otto e passa minuti senza rivelare la mia inesperienza e il mio non essere un batterista? Ne avevo il terrore. Maurizio non sembrava darci retta, stava riattivando la regia, come una vecchia astronave di cui non si sapeva ancora se fosse stata in grado di rimettersi in moto e di tornare a volare. Persino di spalle, comunque, spandeva grigiume rugginoso. In ogni caso era arrivato il momento di metterlo in contatto con Prayer, di fargli sentire che odore avesse, renderlo partecipe di ciò che ci aspettava di lì ai prossimi giorni di registrazione. Chitarra alla mano mi misi a dargli l'idea del pezzo, le varie parti. Non ricordo se Massimiliano, per completezza, mi accompagnasse cantando (Prayer è una delle poche song incise in cui dall'inizio alla fine c'è solo la sua voce, a parte un piccolo cameo Morrisoniano che mi sono narcisisticamente ricamato quale ultima frase finale). Sta di fatto che neanche dopo appena due giri di accordi il nostro ospite ci fermò. Scartabellò tra alcune vecchie bobine polverose e poi ne mise su una: "Senti?" Mi disse con tono supponente. "Ascolta bene, questo è fare musica. Li senti i vari strumenti come si inseriscono uno dopo l'altro?". In pratica si trattava di un loop, come altro potrei definirlo? Non so chi l'avesse suonato, o perché lui ne fosse così tanto orgoglioso, anche se era evidente si trattasse di gente che era passata di lì: un riff di chitarra in ripetere a cui un giro dopo l'altro si inserivano altri strumenti standard facendo sempre la stessa cosa. Mi sembrava inutile, cioè inespressivo, per Maurizio invece no. Aveva gli occhi contenti. E va bene, forse non gli piacerà l'idea del brano, pensai. In ogni caso a me e a Massimiliano entusiasmava oltre ogni limite e tanto bastava. Ma c'era qualcosa di strano. Il proprietario dello studio non emanava il giusto feeling, la compartecipazione, il lavorare assieme.

Sembrava totalmente assente. Come se oltre al pigiama che indossava (ti ho già detto che viveva al piano superiore?), da casa, effettivamente, non fosse mai sceso e che si stesse muovendo più tra i ricordi: come se non rappresentassimo nulla se non un granello di polvere su qualcosa che si era già chiuso. La mia motivazione, in ogni caso, era a mille. E non c'era soltanto il sogno di diventare musicista...

Primo giorno di registrazione. Traccia di chitarra acustica prima, traccia di batteria dopo. Hai ragione, le prime impressioni su Maurizio non promettevano nulla di buono. Tuttavia, sentire come sarebbe venuto il pezzo una volta concluso per poter poi spedirlo era come una febbre malarica che mi stava crescendo dentro, senza contare che di rimetterci a cercare altri studi, in un mondo in cui le possibilità che al giorno d'oggi offre la Rete e l'accessibilità Digitale non esistevano ancora e funzionava più che altro il passaparola non avevamo nessuna intenzione. Ma Maurizio... hai presente quelle nuvole nere e minacciose che compaiono all'improvviso all'orizzonte? Quando sai che si tratta di un uragano e semplicemente non sai ancora se o che sta puntando dritto verso di te?

Il primo giorno di registrazione, riprendendo il filo, si presentò come la fotocopia esatta del primo incontro conoscitivo, con il nostro collaboratore in pigiama e io con la mia chitarra acustica; solo che questa volta mi trovavo in sala registrazione, chiamiamola così, mentre lui spiccava da dietro al vetro in regia. Perché in pigiama? Il caseggiato era così suddiviso: pianoterra - studio di registrazione, piano superiore - abitazione di Maurizio. Vederlo con su le cuffie e vestito da camera da letto creava una sorta di dissociazione mentale: mi trovavo davvero in uno studio come si deve e all'altezza della registrazione?

La sala era fredda e in penombra. L'unica luce proveniva dalla stanzina-regia, attraverso il vetro, e da un certo chiarore crepuscolare che filtrava da fuori. Sembrava a tutti gli effetti di stare più in un magazzino. Massimiliano era accanto a Maurizio. Il viso cupo. Non eravamo felici della vibrazione che si percepiva lì dentro. Dal canto mio avevo le mani ghiacciate. Anche perché per tutto il tempo delle registrazioni, la prima metà di un aprile non ancora del tutto sdoganatosi da un inverno invadente, il riscaldamento non sarebbe mai stato acceso. La traccia di chitarra acustica di Prayer, l'anima vera e propria del brano, inizia con un giro di Mi particolare. A livello strumentale due cose avevo chiesto al mio socio: tirare fuori un bel giro di Mi, per non fare un semplice arpeggio sull'accordo, e la linea di basso. D'altronde in otto minuti di song non potevo fare tutto io. E il riff iniziale studiato da Massimiliano era perfetto. Nuovo. Mai sentito prima. Poi il brano si apriva con pennate piene fino alla parte finale di nuovo arpeggiata che avevo aggiunto in seguito. In studio la chitarra acustica era ben stretta tra le mie braccia perché Massimiliano non era sicuro di riuscire ad andare a tempo e seguendo una traccia di chitarra fuori fase avrei rischiato di compromettere tutti i restanti strumenti.

Il click in cuffia e via. L'emozione, il freddo, l'intera lunghezza della song in testa: un paio di volte mi inceppai, dovendo ripetere da capo. Le registrazioni erano tutte in analogico. Con il digitale, a monitor, è un attimo reinserire un pezzo soltanto, o addirittura correggerlo: lì si trattava spesso di dover ricominciare da zero. Col valore aggiunto che a ogni mia stecca Maurizio scuoteva la testa vistosamente.

Non lo sentivo, l'ambiente era insonorizzato. A un certo punto però mi concentrai solo sul manico della chitarra senza più guardare oltre al vetro. A cose finite comunque mi sentii più leggero. Avevo fatto la mia parte, mi ero già tolto un peso. Lo scheletro di Prayer di oltre otto minuti era stato registrato. La faccia di Maurizio? Di pietra. Quella di Massimiliano dopo aver passato tutto il tempo con lui? Lasciamo perdere.

Toccava alla batteria, il mio banco di prova. Ho sempre amato la batteria, e sin da subito di una cosa mi ero raccomandato con il proprietario dello studio: il suono. O passi da gigante o non se ne fa niente. Tranquillo, è stato di parola.

La chitarra acustica appena incisa in cuffia, iniziai a tenere il tempo sul charleston, poi dopo trenta secondi il ritornello: due colpi sui tom, cassa e piatti e via, come un inno, una marcia trionfante. Quindi ancora due colpi sui tom, cassa e piatti, una teoria di rullate ben assestate e l'andamento diventava lineare: inciampai. Ero andato fuori tempo. La pressione di fare bene quel passaggio mi aveva fatto deviare. Ci riprovai e niente. Nonostante in sala prove me la cavassi più che bene la mia insicurezza stava avendo la meglio. Guardai in regia: l'uragano Maurizio vorticava più che mai. La mia paura si era manifestata. È abbastanza comico se ci pensi: non un produttore discografico, né una registrazione da immettere nel mercato. E non farti trarre in inganno dalla parola demo. Oltre a quelle quattro mura per me, per noi, non esisteva altro. Ci stavo mettendo tutta l'Anima. Eppure da quel momento in poi il nostro collaboratore ci avrebbe reso la vita un inferno. Con gli occhi del poi vedere determinate linee guida necessarie alla propria formazione e alla propria Consapevolezza è semplice. Non lo è quando ci si trova nel bel mezzo di un tifone. Alla fine ingoiai giù tutti gli otto minuti di batteria di Prayer in un sorso solo, senza sentirne il sapore: non voglio dire che non sia andata bene, tutt'altro. È solo che data la situazione preferii andare avanti e tenere una traccia con un bel suono ma con qualche imprecisione e un, purtroppo, fuori tempo, piuttosto che andare a incagliarmi, visto che a ogni mio sbaglio il proprietario dello studio reagiva in maniera sempre più pesante alla nostra inesperienza.

So solo che dopo aver appoggiato le bacchette sul rullante e aver ricominciato a rimettere il segno uguale all'equazione aria nei polmoni/vita e aver fatto ritorno in regia per riascoltare le due tracce incise, Massimiliano mi accolse con un sentito bravo, ce l'hai fatta, ben fatto! Mentre qualcun altro con un sorrisetto da Stregatto. A incidere il basso, e a togliermi così un po' di pressione di dosso, la volta dopo toccava a Massimiliano. La linea che aveva tirato fuori non era male... purtroppo in alcune parti perdeva il tempo. Fortuna che la batteria di suo aveva un suono importante e con tutte le sovraincisioni di chitarre e voce che andavano ancora fatte non si sarebbe sentito molto. Non bastò. Mentre Massimiliano era intento a registrare, e Prayer for a Friend era soltanto una chimera che riecheggiava solitaria nella mia testa, Maurizio mollò le cuffie e mi guardò. "Ma dove volete andare? Ma lo senti? Tu ancora ancora va beh... un minimo te la cavi... ma lui? Non sa neanche andare a tempo!"

Lo presi comunque come un complimento nei miei confronti e non risposi. Sappi, anzi, caro lettore, che per tutto il tempo in cui siamo stati con lui né io, il bersaglio primario, né Massimiliano, abbiamo mai espresso alcuna parola. Perché? Non ne sarebbe valsa la pena. Il brano avrebbe parlato da sé, ne ero certo, ed era talmente prezioso, talmente importante nella sua purezza, che preferivo tenerlo fuori da sentimenti accesi. Era un inno all'amicizia e le cose fatte con rabbia non durano. Quelle con amore sì. In fondo nei suoi occhi vedevo soltanto una cosa: insoddisfazione. Come se gli riflettessi qualcosa del suo percorso: l'ambizione, la voglia di fare, dell'aver avuto magari anche lui un sogno musicale non andato a buon fine. Vedendomi in silenzio il proprietario dello studio si rimise le cuffie e tornò a guardare Massimiliano sbuffando con aria ironica. Andammo avanti così. Giorno dopo giorno. Surfeggiando tra gli umori di un esperto che giudicava il nostro lavoro un'inutile spazzatura e che ce lo faceva pesare a ogni sguardo e a ogni minimo errore e l'impatto di doverlo rincontrare di volta in volta.

In una situazione così potevo fare solo due cose: o mollare o crederci fino in fondo, scavare dentro di me così tanto da arrivare a basarmi esclusivamente sulla mia motivazione. Non c'era rabbia in fondo al cuore. Come ti ho detto non volevo che *Prayer for a Friend*, che in fondo sapevo essere un qualcosa che avevamo scritto per noi stessi, si bruciasse o prendesse quel colore/vibrazione. Sicuramente però, come avrai intuito dalla dinamica, non ti nascondo che la rabbia era parte di me, in altro modo.

Una cosa importantissima va comunque riconosciuta al proprietario dello studio: sapeva riprodurre tutti i suoni particolari che volevo. Non esistevano ancora i computer odierni con tutte le librerie campionate, non in quello studio almeno. Però, se dalla mia chitarra elettrica volevo tirare fuori uno shamisen piuttosto che un sitar, lui riusciva velocemente a farlo. Persino un gong.

Un po' alla volta incisi a pezzi le varie parti di chitarra elettrica, adattandole in base alle sonorità finché arrivò il momento dell'assolo finale: non ci dormii di notte. Ogni volta che lo ripassavo cannavo. L'avevo studiato come un dialogo tra due chitarre, come l'assolo conclusivo di Hotel California, o quello di Any Colour You Like dei Pink Floyd... Voglio comunque che sia messo agli atti che non ho mai detto di essere Joe Walsh e nemmeno David Gilmour. Data tuttavia la presenza di Maurizio, che non vedeva l'ora di chiudere la baracca e in particolar modo di sbolognarsi via i sottoscritti (ma quante tracce state usando? Quanto lavoro extra volete farmi fare poi nel mixaggio? Per una cosa che non ha nessun senso e non servirà a niente, era il sottinteso) avevo deciso, o sentito, che era meglio farlo al volo. Per fare prima avrei inciso un'unica traccia spostando poi, stereofonicamente parlando, il suono destra-sinistra dal mixer. Un botta e risposta dividendo l'assolo una parte a destra e la risposta a sinistra, e così via. Ce la feci. Quello che non ero riuscito a fare a casa, l'intero assolo completo, venne fuori in studio. Non avevo tuttavia considerato che il passaggio destra sinistra, sinistra destra, avrebbe dovuto farlo manualmente lui dal mixer: "Chitarra a destra, chitarra a sinistra? Ma questa è roba vecchia, si usava negli anni Settanta!"

Appunto. Un onore poterlo riproporre. Ora era di nuovo il turno di Massimiliano. Voce e cori. Come abbia fatto a cantare con una persona che dall'altra parte del vetro gli sghignazzava in faccia e si portava le mani alla testa scuotendola energeticamente non lo so ancora. Penso che a un certo punto anche lui abbia fatto come me, si sia concentrato solo su se stesso.

Commento personale. Data anche la penosa situazione, ci sono alcuni punti in cui si sente che Massimiliano sta tirando e che il suo inglese non verrà sicuramente elogiato tra le mura di Buckingham Palace. Ma sai cosa ti dico? Ha fatto davvero un gran lavoro e i cori finali, inventati al momento, sono sublimi.

Dopo una settimana di registrazioni era arrivato il momento del preascolto. Giusto un'idea complessiva prima di passare al mixaggio, il livellare e integrare, cioè, tutte le tracce. La parte su cui Maurizio fece partire la bobina era la parte centrale, il passaggio in cui si parla di energia che scorre.

***

Lasciamo che le nebbie del tempo si diradino un altro po'. In fondo non sono qui per parlarti solo di questo. Come ti ho già accennato c'era una prova del nove che avevo in mente, per tutto il tempo, mentre incidevo con tutte le mie forze. Spesso c'è sempre una persona, un qualcuno, che ci tiene impegnati mentalmente mentre cerchiamo di brillare, di rischiarare il nostro percorso. Per un motivo o per un altro, vuoi per sete di riconoscimento, vuoi per conquistare o stupire, o per entrambi, in ogni caso abbiamo sempre quell'obiettivo in testa. È una motivazione in più, sono d'accordo. Questo fintanto si cresce e si capisce che non abbiamo niente da dimostrare a nessuno. Nemmeno a noi stessi.

Maurizio stranamente non parlava. Lasciò andare il nastro. Non lo interruppe dopo pochi secondi come al suo solito. Era colpito. Massimiliano aveva quasi le lacrime agli occhi. È lei, la riconosco, mi dissi esterrefatto con il cuore gonfio: quella che stavo cercando e che avevo sentito solamente nella mia testa. Nel mio Cuore. Nella mia Anima. *Prayer for a Friend.*

Se c'è un momento nella mia vita in cui penso di aver capito quanto valga la pena fare del proprio meglio per realizzare ciò in cui si crede e si sente veramente a dispetto di tutto ciò che ci è contro è proprio quello. In quella piccola angusta saletta-regia mentre *Prayer for a Friend* stava andando, completa, strutturata, incisa. Senza che nessuno dicesse nulla riascoltammo quella parte per intero, in silenzio, per almeno tre volte. Sembrava non riuscissimo a staccarcene. So cosa stai pensando, che da adesso in poi quel diavolaccio di un Maurizio sarebbe stato dalla nostra parte. Eh, invece no. E dovetti tenere duro non poco sul mixaggio.

Dopo qualche altro giorno di lavoro comunque ce l'avevamo fatta. Sembrava quasi di uscire da un tunnel. A riprova di ciò fuori era scoppiata la primavera. Eravamo entrati in studio in inverno e adesso, uh, il Sole. Sul risultato finale passo. Non sarò io a dirti come è venuta. Non avrebbe senso: per cosa ci prepara l'Allenatore? Seguimi un altro po'. La mia risposta non tarderà, te lo prometto.

Ed eccoci qui. A quel giorno di aprile, una domenica mattina, appena una settimana dopo aver finito la registrazione in studio. Il mio bel cd nuovo fiammante in mano con su la scritta *Prayer for a Friend*, il petto gonfio di orgoglio, la porta dell'ascensore si aprì e suonai il campanello. Ero tornato al quinto piano di quel palazzo in cui viveva mio padre. Solo che invece di trovarmi di fronte al genitore ostico per eccellenza, quello a cui si crede di dover dimostrare superbamente qualcosa (se non avessi avuto un rapporto super conflittuale con l'autorità paterna in fondo che musicista rock sarei?), quel giorno trovai... Barbara.

L'avevo conosciuta non molti mesi prima. La cena un'idea di nonna, sempre lei, la pittrice. Parcheggiata l'auto nel garage interrato, prima di prendere l'ascensore che ci avrebbe portato al terzo piano, all'appartamento dei suoi genitori, mio padre, che era venuto ad aprirmi e che non rivedevo da una quantità di tempo pari alla circumnavigazione del globo, si fermò ritto sulle scale. "C'è una persona che voglio farti conoscere." Sospensione. "Si chiama Barbara. È speciale."

Nei suoi occhi una luce diversa. Mi dispiace per come sono andate le cose con tua madre, film in sovrimpressione. Non fare o dire cazzate, rullo di sottofondo.

So che non mi sentivo molto a mio agio. Non per i nonni, che avevo ricominciato a frequentare recentemente, e tutto sommato neanche tanto per mio padre. Era la situazione. Vederlo con un'altra persona, piuttosto giovane tra l'altro, non mi dava granché da pensare. Il suo atteggiamento sì. Con lei era... gentile. Allora, si nasce, si cresce e poi in qualche modo prima o poi arrivano sempre un poliziotto buono e uno cattivo che instradano, sin nelle viscere, il nostro carattere e la nostra Anima. E nel mio caso specifico... beh, diciamo che per darti un indizio sulle due forze equilibranti della mia infanzia il film *The Tree Of Life* potrebbe starci molto.

Tuttavia qualcosa in lui era cambiato. Barbara era bionda. Dai bei lineamenti e dal temperamento a metà tra l'allegro e l'acqua e sapone. Era bella? Sì, senza dubbio. Due occhi chiari e molto profondi e un sorriso incantevole. Ecco sì, ricordo soprattutto questo, sorrideva. Forse per stemperare la circostanza. I nonni, di primo impatto, non sono mai state persone facili da prendere (un po' austeri, ma diciamolo sottovoce, ok?) e sicuramente provava un certo imbarazzo per la mia presenza, cioè capiva l'impasse di un rapporto molto complicato. Ma molto più probabilmente, come avrei scoperto poi, era proprio la sua indole.

Quando si trattava di tagliare la carne mio padre prendeva il timone: "Con le mani io non ce la faccio." Mi sorrideva lei.

Sapevo. Sì, una malattia importante; sì, era molto debilitata. Che intuisse che con me e con la sua ex moglie, per ciò che ricordo, lui non fosse mai stato così era palese, ed era bello vedere come si preoccupasse di dissipare il mio stupore semplicemente sorridendomi con dolcezza.

"Buchi di memoria." Mi raccontò. "Prendevo l'auto e... a un certo punto non sapevo dove mi trovassi. Come ci fossi arrivata... E se la cosa inizialmente era blanda, capitava sporadicamente, poi... un giorno mi ritrovai in un posto che non conoscevo, e non sapevo più nemmeno chi io fossi." Si era messa a piangere con le mani strette al volante e con le persone che bussavano al finestrino chiedendole se andasse tutto bene. Responso? Metastasi. Dal cervello a scendere. Un disastro.

I nonni erano in silenzio, mio padre le reggeva la mano. Mentre Barbara mi parlava non c'era traccia di dolore né di senso di ingiustizia nei suoi occhi. Non era un'incosciente. Era forte. Alla vita poniamo spesso domande. Troppe, tante. Ne basta una: se hai letto *Circles* probabilmente sai di cosa sto parlando perciò non mi dilungherò molto.

Quando vivevo la mia personale Vita di Pi con mio padre al quinto piano di quel palazzo, se il nonno veniva a trovarci suonava il campanello due volte, in rapida successione: quella domenica mattina mi accontentai di una.

Barbara era felice di vedermi. Lo era sempre. Teneva a che le cose con mio padre andassero in maniera migliore. Era fatta così, cercava il bene. I due si tenevano per mano, si guardavano complici. Lei portava la parrucca e il viso era emaciato. Non importava. Insieme brillavano. Con la mia *Prayer for a Friend* in mano mi sentii piccolo piccolo, ma una vocina dentro di me mi disse che non dovevo, avevo vinto. La mia battaglia personale, non contro Maurizio ma contro il mio vittimismo, era stata vinta. Non avevo ceduto. A riprova di ciò non solo avevo completato la mia prova in studio fino in fondo nonostante il gelo: ero lì, davanti a un archetipo assolutista e autoritario che per lungo tempo avevo evitato e in un posto in cui fino a qualche anno prima non avrei mai più voluto ritornare. Anche l'atteggiamento ipercritico di mio padre era cambiato. Sì, il basso era fuori tempo, sì, la voce in alcuni punti si assottigliava; il tutto però venne considerato più che nel dettaglio nel suo insieme: un buon inizio e avanti tutta, festeggiamo! E chissà se qualcuno dei condomini del quinto piano quel giorno si sarà stupito per aver sentito schioccare il tappo di una bottiglia di spumante alle dieci di mattina.

Ciò che ho dentro al cuore è che in quel momento la mia voglia di emergere, di riscatto, e la mia ricerca di approvazione svanirono nel nulla: rabbia? Soltanto un essere umano che lottava per la vita, come tutti. Si dice che la libertà inizi dal cambiare il proprio punto di vista, nel vedere la realtà con occhi diversi: il mio personale Viaggio con me stesso iniziava proprio lì. Nel capire l'importanza del lasciare andare, che non tutte le cose possono avere una risposta. Perché quando smettiamo di recriminare accade una cosa meravigliosa. Ci accorgiamo di avere tutta la Vita davanti e che il timone è sempre stato solo ed esclusivamente nelle nostre mani.

Quando lui aveva incontrato Barbara le avevano dato sei mesi di vita. Erano già trascorsi tre anni e mezzo.

***

Col passare degli anni i periodi di degenza di Barbara divennero più lunghi e frequenti. Un giorno andai a trovarla in ospedale, mio padre era sempre con lei, la seguiva in tutto, cercava il più possibile di starle accanto, notte e giorno, nonostante lavorasse in un'altra città. Barbara mi sorrise: la musica, la ragazza, le domande a cui sapeva io tenessi. Quando fu il momento di andare appena prima di prendere l'ascensore ricordai di aver lasciato il maglione nella sua stanza. Rientrai. Lei stava piangendo, lui le teneva forte le mani nelle sue: "Ce la faremo, vedrai, andrà tutto bene."

Quando mi vide Barbara cercò di sorridermi: impossibile. Nascose allora il viso. Dimenticare la sua situazione era facile. Si faceva sempre vedere forte, allegra... me ne andai in silenzio.

Al suo funerale, qualche anno dopo, c'era il mondo intero. Sia dentro che fuori la chiesa. Il primario che l'aveva seguita parlò di un vero e proprio miracolo della Vita sulla Morte. Aveva sì e no pochi mesi di vita da un punto di vista clinico quando otto anni prima aveva iniziato il suo percorso ospedaliero. Con mio padre tutto era stato stravolto. L'amore era l'unica spiegazione. L'unica forza che spiegava una vita riconquistata a morsi e strappata alla morte, vissuta attimo per attimo. Solo negli ultimi mesi aveva ceduto il passo. Insieme però avevano vissuto un qualcosa di unico, l'Attimo, il godersi ogni istante, vivere giorno per giorno, una cosa che molte persone impiegano vite intere prima di comprendere.

Perché quando arriva il momento, il nostro momento, in cui riconosciamo ciò che ci dice il Cuore, quando vediamo e sentiamo cosa significa Amore, le avversità, le barriere e le difficoltà, se siamo pronti, danno ancora più forza, più spinta alla nostra volontà. Non ci piegano né ci spezzano. Ci motivano. E questo, la Vita, il Mister, l'Universo, lo sa.

Allora, hai capito per cosa ci prepara l'Allenatore?

A essere forti? A saper reggere le nostre scelte d'Amore e il nostro Sogno? A saper resistere alla paura del dolore e del farsi male? A essere in grado di ritrovare il nostro Centro nonostante gli tsunami della vita in modo da poter continuare a portare avanti la nostra missione/vibrazione del Cuore?

Che sia in un gelido studio di registrazione o di fronte a un verdetto medico che non dà scampo, che si tratti di una persona che sembra essere stata creata apposta per testare la nostra tenacia e la nostra volontà, e che vuole a tutti i costi demolire il nostro sogno sapendo dove colpirci, o di un progetto o di un qualcuno che Amiamo profondamente, l'Allenatore ci prepara per una e una cosa soltanto.

Ad alzarci ogni mattina con il sorriso.

A vincere la Morte.

***

Prayer for a Friend è stata l'Inizio. Non ho mai smesso di fare musica in infinite forme diverse e di credere in me stesso. Ma questa è un'altra storia.

E Maurizio?

Seppur sconosciuti, seppur con le sue imprecisioni e la sua durata, e nonostante fosse in inglese, già appena dopo che l'avevamo incisa, con nostra grande meraviglia Prayer for a Friend è stata passata in diverse radio. Poesia e musica, ho sentito dire a una speaker. E il quotidiano Il Mattino di Padova ci ha dedicato un bell'articolo. Dal nulla. Un paio anzi, perché poi siamo stati scelti per una manifestazione rock di tutto rispetto. Fa tenerezza riprendere in mano qualcuno di quegli articoli. Non avendo ancora mai suonato dal vivo le foto date erano state tutte scattate in casa, pose rock... saltando sul letto. Di lui però, del mio tester, a parte qualche iniziale sporadica informazione sul fatto che il suo studio fosse stato effettivamente smantellato e venduto, non ho saputo più niente. Rimane solamente un ultimo ricordo.

Prayer for a Friend era una realtà finita, un cd fatto e pronto. Pagato. Il posto era lo stesso: davanti all'ingresso del suo studio. L'ultimo saluto, dove tutto era iniziato. Il sole gettava lunghe ombre dietro di noi e ci trovavamo uno di fronte all'altro. Potevo finalmente salutare tutto il percorso fatto con un sorriso e con grande senso di sollievo; paura e sofferenza e, infine, Rinascita. Nessun rancore o voglia dirgli il fatto suo. Gli allungai la mano in segno di amicizia: invece di sorridermi però il nostro si protese verso di me e ciò che mi disse, viso a viso, oramai è entrato nella leggenda: "Comunque, se è venuta così bene, è merito mio."

E giratosi di spalle è sparito per sempre dentro casa. Col suo pigiama.

È il sogno di due ragazzini appena maggiorenni che diventa realtà. Prendila così. Un'avventura in un mondo completamente nuovo, con poca tecnica e tanto Cuore.

Te ne riporto il testo e se vorrai ascoltarla utilizza questo link. https://youtu.be/VeNNkktqNXU Fai un buon Ascolto!

PRAYER FOR A FRIEND
(M. Monaco – M. Ungaro)

Hai perso il tuo cuore
Hai perso la tua anima
Hai bisogno di un aiuto per trovare la tua strada
Hai bisogno di un aiuto per trovare te stesso
Deve esserci un modo per rompere la gabbia
Apri la tua mente
Prova a fronteggiare il dolore con la calma
Spalanca i tuoi occhi,
dentro di te
La chiave della Landa dei Sogni giace nella tua fantasia
Ricordo dell'armonia della tua fanciullezza
Immerso nei binari della quotidianità
Cieco come un uomo-macchina
Non riesci a sentire la solitudine in cui vivi?
Prova a sentire la pioggia, prova a guardare il Sole
Prova a vivere la tua vita
e a trovare il tuo paradiso interiore
Prova a fermare il treno che correndo impazzito ti trascinerà in un burrone:
perché ogni uomo alla fine muore
ma nessun uomo vive veramente la sua vita.
E troverai, amico mio, il senso della preghiera
Insegna a te stesso sin da adesso che il futuro è nelle tue mani
Libera il tuo viso dalla maschera che indossi
Con un po' di misericordia nel cuore attraverserai arcobaleni d'oro.
Karma, Fuoco, Acqua, Terra, tutta la tua energia ora scorre.
Un mantra colma la tua mente: ogni cosa è perfetta.
Deve esserci qualcosa per rompere la gabbia
Apri la tua mente
Prova a fronteggiare il dolore con la calma
Spalanca i tuoi occhi,
dentro di te
dentro di te
...e dopo il suo primo battito d'ali, morbidamente, lentamente,
l'aquilotto se ne vola via, libero

Dall'esperienza di Massimiliano Ungaro:
Quantica la meditazione guidata

"Chi è in guerra con gli altri non è in pace con se stesso"

William Hazlitt

La meditazione è un'Esperienza, un momento di incontro, il viaggio verso il Sé e sé stessi. La meditazione è connessione.
Dalla respirazione e il rilassamento al nostro equilibrio energetico, dal colore della nostra aura al dialogo e all'armonizzazione dei nostri chakra: il radicamento, la Madre Terra, il Maestro Interiore, pulizia energetica e Nuova Vibrazione; Quantica è un sentiero guidato verso la nostra armonia e il benessere interiore. Un momento prezioso da dedicare a noi stessi, dal Cuore alla voce dell'Anima, l'equilibrio tra il Me e il Sé, tra l'Io e il Noi. Perché è attraverso la consapevolezza che possiamo iniziare a vivere meglio.
Semplicemente partendo da noi.
Da come stiamo con noi stessi.

Ringraziamenti e Note

Tavole pittoriche create secondo libero Sentire e Ispirazione: grazie di cuore a Ornella Vettore (per eventuali contatti e richieste ornellavettore@gmail.com) per aver realizzato la meraviglia illustrata che accompagna le pagine e il percorso di Fiabe Arcane.

E un sincero grazie a chi ha saputo accogliere questo libro nella sua interezza senza cambiarne una virgola consentendomi di realizzare un altro importante Sogno: Consuelo Accornero un super ringraziamento tutto per te e la tua fantastica opera editoriale Accornero Edizioni.

Fiabe Arcane è un'opera di fantasia: riferimenti a persone o fatti realmente accaduti sono da considerarsi puramente casuali e non voluti. L'autore di questo libro non dispensa consigli medici né vuole suggerire alcuna tecnica come forma di trattamento per problemi fisici e medici. L'intento dell'autore è semplicemente quello di offrire spunti di natura generale nella ricerca del Sé Spirituale.

Per saperne di più visita la pagina Facebook Massimiliano Max Ungaro, i canali YouTube e Telegram: Max Ungaro Il Bosco dei Sogni, oppure Instagram @maxiungaro.

***

A pag. 41 di questo libro viene fatta la citazione di un brano musicale: La Collina dei Ciliegi di Mogol-Lucio Battisti, album del 1973 Il Nostro Caro Angelo etichetta discografica Numero Uno.

Printed in Great Britain
by Amazon

32933233R00106